钱学森图书馆藏品大系

钱学森图书馆 编

文物有话说

文物出版社

图书在版编目（CIP）数据

文物有话说 / 钱学森图书馆编. -- 北京：文物出版社, 2021.11
（钱学森图书馆藏品大系）
ISBN 978-7-5010-7203-3

Ⅰ. ①文… Ⅱ. ①钱… Ⅲ. ①文物—中国—通俗读物 Ⅳ. ①K87-49

中国版本图书馆CIP数据核字(2021)第180622号

钱学森图书馆藏品大系——文物有话说

编　　者	钱学森图书馆
责任编辑	贾东营
摄　　影	宋　朝
责任印制	张　丽
出版发行	文物出版社
社　　址	北京市东城区东直门内北小街2号楼
邮　　编	100007
网　　址	http://www.wenwu.com
经　　销	新华书店
制版印刷	天津图文方嘉印刷有限公司
开　　本	889mm×1194mm　1/16
印　　张	8.25
版　　次	2021年11月第1版
印　　次	2021年11月第1次印刷
书　　号	ISBN 978-7-5010-7203-3
定　　价	218.00元

本书版权独家所有，非经授权，不得复制翻印

「钱学森图书馆藏品大系」编委会

名誉主任：钱永刚

主　　任：杨振斌　林忠钦

副 主 任：张安胜

委　　员：（按姓氏笔画）

　　　　　李　明　杨振斌　张安胜　张　凯　林忠钦

　　　　　顾吉环　钱永刚　涂元季　盛　懿　魏　红

「文物有话说」编撰工作委员会

主　　编：张　凯　盛　懿

副主编：吕成冬

编　　委：（按姓氏笔画）

　　　　　尤　若　陈　燕　傅　强　李红侠　沈美凤

　　　　　石　磊　孙　逊　徐　娜　张珊珊　张现民

序

百廿交大，弦歌不辍。在125年的发展历程中，上海交通大学培养了一批又一批心怀"国之大者"的优秀人才，他们为国家命运和民族前途奋力前行，用行动诠释了何谓为国分忧、为国解难和为国尽责。钱学森是上海交大的杰出校友，也是享誉海内外的杰出科学家和中国航天事业奠基人，"五年归国路，十年两弹成"，他胸怀祖国、服务人民，为国家的发展与强大、民族的光荣与梦想提供了强大科学助力、贡献了宝贵科学智慧。

为弘扬钱学森的家国情怀和科学精神，上海交大于1999年筹划建设"钱学森陈列室"；2002年正式向钱学森家属和身边工作人员提出建设"钱学森图书馆"并开展首次文物征集工作；2011年钱学森诞辰百年之际，在党和国家领导人的亲切关心以及社会各界人士的鼎力支持之下，钱学森图书馆在上海交大徐汇校区建成开馆。经过十年专业化发展，钱学森图书馆已经成为面向全社会弘扬钱学森精神、宣传爱国主义精神和科学精神的文化育人平台。2021年是钱学森诞辰110周年，钱学森图书馆选取了110件（套）馆藏文物资料编研成书，以此方式纪念钱学森光辉的一生。

收到《钱学森图书馆藏品大系：文物有话说》书稿，细细翻来，钱学森科学人生跃然纸上。书中所选文物多为钱学森在读书、治学、工作和日常生活中形成的个人物品，编者通过细致考证与研究，将文物背后的故事娓娓道来。透过此书，我们可以更真切地体味到钱学森从顶尖科学家到战略科学家，再到人民科学家的人生历程。谨将阅读中的些许感受写下，以作嘱序之请。

第一，顶尖科学家钱学森。钱学森在1947年成为麻省理工学院航空工程系教授，1949年被聘任为加州理工学院古根海姆喷气推进中心主任，成为该专业领域的顶尖科学家。无论是钱学森的应用力学笔记本，还是"客串"导师指导同门、交大老校长范绪箕的演算手稿，抑或藏书《西奥多·冯·卡门文集》里收入的5篇由钱学森和其导师合作完成的论文，都反映了他在专业上的勤奋与精进。

第二，战略科学家钱学森。在前不久召开的中央人才工作会议上，习近平总书记指出要大力培养使用战略科学家。钱学森就是一位卓越的战略科学家。新中国成立后，为了系统地引导科学研究为国家建设服务，国务院成立了科学规划委员会并着手制定新中国第一个中长期科技规划——《1956-1967年科学技术发展远景规划》。刚刚回到祖国怀抱的钱学森参与了整个规划的制定工作并担任由12名科学家组成的综合组组长，同时还牵头设计了其中喷气和火箭技术部分。在钱学森的推动下，新中国把导弹、原子弹、电子计算机、半导体、无线电电子学、自动化技术等六个方向定为紧急重点任务，这一具有超前眼光的决策产生了重大而深远的影响，也印证了钱学森作为一位战略科学家的远见卓识。

第三，人民科学家钱学森。以"爱国、奉献、求真、创新"为标志的钱学森精神，蕴含着钱学森对祖国、对事业、对科学、对时代深沉的情怀。从国画《西湖一角》到回国三等舱船票和行李箱，再到《建立我国国防航空工业意见书》，无不透露出根植于钱学森心灵深处的家国情怀。当党和国家授予他各种荣誉以表彰他为国家和民族做出的贡献时，钱学森总是以"一切成就归于党，归于集体"来婉拒。"把论文写在祖国大地上""使中国人民过上有尊严的幸福生活""我活着的目的就是为人民服务"的家国情怀，是钱学森留给后人的宝贵精神财富，也是他作为人民科学家的真实写照。

斯人已去，风范永存。相信钱学森图书馆收藏的吉光片羽必将不断散发出内在的精神力量，激励后人追逐他们心中的梦想。本书作为"钱学森图书馆藏品大系"的第一册，通过挖掘文物的内在价值和外在释义，为讲好中国科学家故事提供了真实生动的细节。后续将会有系列图书整理出版，更加全面展示钱学森的科学成就、杰出贡献和崇高风范，激励科技工作者和广大青年接续奋斗，为早日实现建成世界科技强国的宏伟目标做出更大贡献。

是为序。

杨振斌

上海交通大学党委书记

目 录

■ 证章类

16　交通大学发给钱学森的奖状

16　交通大学发给钱学森的毕业证书

17　交通大学授予钱学森的学位证书

18　中国斐陶斐励学会发给钱学森的会员证书

19　教育部发给钱学森的公费留学生证书

19　钱学森的中华民国护照

20　麻省理工学院授予钱学森的硕士学位证书

21　加州理工学院授予钱学森的博士学位证书

22　美国司法部移民归化局发给钱学森的外籍人登记卡

23　钱学森的洛杉矶安全第一国民银行存折

24　中国科学院科学奖金委员会授予钱学森的一等奖奖状和奖章

25　国家科学技术进步奖评审委员会颁发给钱学森的特等奖证书

26　国际技术与技术交流大会和国际理工研究所授予钱学森的"小罗克韦尔"和"世界级科学与工程名人"奖章

27　国务院和中央军委授予钱学森的"国家杰出贡献科学家"荣誉称号证书

28　中国科学院补发的钱学森增聘为学部委员的铭牌、徽章和证书

29　何梁何利基金评选委员会发给钱学森的优秀奖奖牌

30　中共中央、国务院和中央军委授予钱学森的两弹一星功勋奖章和证书

32　中国科学院紫金山天文台颁发的"钱学森星"证书和铭牌

■ 文献类

- 36　钱学森藏书《卜氏七位对数表》
- 37　清华大学考选留美公费生揭晓通告
- 37　清华大学二十三年度录取留美公费生专修各学门指导员一览
- 38　钱学森赴美留学前的亲友赠言册
- 39　钱学森藏书 *FORTUNE*
- 40　美国国防部陆军航空兵司令亨利·哈利·阿诺德签署的表彰钱学森的信件
- 41　钱学森藏书《中国文学史》
- 43　麻省理工学院通知钱学森增加年薪的信件
- 44　钱学森藏书 *HOW TO COOK AND EAT IN CHINESE*
- 44　钱学森藏书 *THE PERFECT HOSTESSCOOK BOOK*
- 44　钱学森藏书 *THE FIRESIDE COOK BOOK*
- 45　钱学森家收藏的波士顿交响乐团节目单
- 46　钱学森留美期间制作的英文剪报
- 48　《物理力学讲义》打印件
- 50　钱学森到洛杉矶移民归化局报告行踪的档案
- 50　美国司法部移民归化局通知钱学森可以离境的信件
- 50　"克利夫兰总统号"邮轮三等舱旅客身份证明
- 51　"克利夫兰总统号"邮轮补升一等舱证明
- 51　"克利夫兰总统号"邮轮用餐券
- 51　钱学森与家人抵达香港时的登岸证
- 52　钱学森在交通大学举行座谈会的参与人员名单
- 53　交通大学工企教研室调整理论教学小组给钱学森的便笺
- 54　钱学森撰写的《建立我国国防航空工业意见书》
- 55　钱学森藏书 *COLLECTED WORKS OF THEODORE VON KÁRMÁN*
- 56　钱学森参加全国人代会的提案《建立人民意见和建议的档案系统与电子计算机检索网络》
- 57　钱学森藏书《陈云文选》
- 58　钱学森晚年的工资单
- 59　钱学森、任新民、屠守锷、黄纬禄和梁守槃联合签名的信封

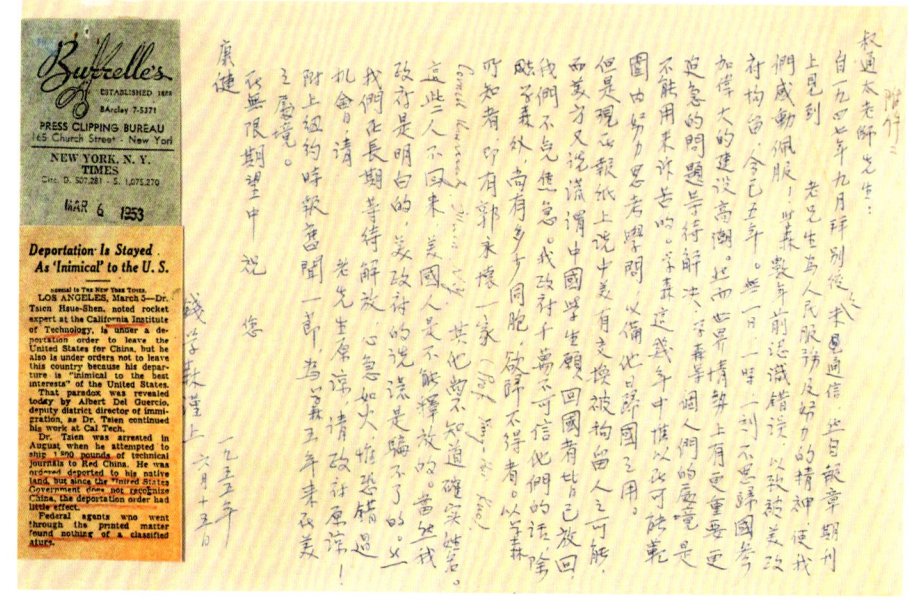

■ 手稿类

62　钱学森在交通大学的应用力学笔记
63　钱学森为范绪箕论文写的演算稿
64　林砺儒在第一届全国政协会议的发言提纲
66　钱学森致陈叔通的信件
67　郭沫若致钱学森的信件
68　钱学森致张沁文的信件
69　钱学森致胡孚琛的信件
70　钱学森致陈彬、刘有光的信件
71　钱学森的"所谓'第四次世界工业革命'告诉我们什么呢？"文稿
72　钱学森致徐章英、顾力兵的信件
74　钱学森在中央党校作"我国社会主义初级阶段的建设问题"的报告提纲
76　钱学森的读报批注札记六则
78　钱学森的"教育理论、思维科学与脑科学"文稿
79　钱学森致刘恕、田裕钊的信件
80　钱学森致周嘉槐的信件
82　钱学森的"紫禁城东西两侧要建小公园"底稿
83　钱学森致鲁润宝的信件

■ 照片类

86　钱学森与父亲钱均夫的合影

86　钱学森与母亲章兰娟的合影

87　蒋英在上海家中留影

87　美国国防部陆军航空兵科学咨询团成员在德国的留影

88　钱学森与蒋英婚礼现场照

89　钱学森在上海龙华机场的留影

90　钱学森与蒋英在美国以色佳的留影

90　钱学森与儿子钱永刚在美国家中庭院的合影

91　钱学森和同事在加州理工学院的留影

92　钱学森回国时在洛杉矶港口登船前的留影

92　钱学森与家人在"克利夫兰总统号"邮轮上的合影底片

93　新华通讯社新闻摄影部拍摄的钱学森半身肖像照

93　钱学森在中国科学院力学研究所办公室的工作照

94　钱学森与蒋英在航天大院的合影

95　钱学森在联邦德国科赫尔湖的留影

■ 实物类

98　钱均夫使用的香港产怀表

98　钱均夫使用的印章

99　章兰娟使用的瑞士产怀表

100　蒋百里的学生贺其 51 寿辰赠送的酒器

100　蒋左梅使用的三五牌座钟

101　钱学森使用的德国产 Rolleiflex 照相机

101　钱学森使用的德国产 Welta Weltini 照相机

101　钱学森使用的幻灯机

101　钱学森使用的投影幕布

102　钱学森使用的史密斯牌便携式机械打字机

103　Babee Tenda 婴儿安全椅

104　印有英文字母"H.S.T."的公文包

105　钱学森、蒋英夫妇回国时用的牛皮拎箱

105　钱学森回国时的行李牌

106　钱学森使用过的蒲扇

107　钱学森留美时期穿过的灰色西装

■ 艺术类

110　钱学森设计的交通大学1934级毕业级徽
111　姜丹书创作的国画"西湖一角"
112　钱学森和蒋英的婚书鸳鸯谱
114　钱学森收藏的黑胶唱片《起来》
115　吴良镛贺钱学森80寿辰赠的书法
116　孙凯飞贺钱学森85寿辰赠的"秋鹤火箭图"
117　李毓堂贺钱学森87寿辰赠的书法"咏雪莲"
118　张克思贺钱学森88寿辰赠的书法"寿"字
119　蔡祥麟与李宗坤、王佩亨、马永生同贺钱学森90寿辰赠的手书对联
120　庄寿红创作的国画"仙寿图"
121　王者香撰词、魏宇平书法贺"钱学森星"命名
122　王永惠创作的国画"满园春色"
124　黄如贵创作的国画"酒香蟹正肥"
125　王坤和创作的国画"高原人家图"
126　詹仁左创作的国画"梅竹"
128　神舟八号飞船航天搭载物苏绣"思源·致远"

教育部發給公費留學生證書

錢學森年二十四歲係浙江省杭縣人國立交通大學畢業經本部核定給予清華大學官費派往美國留學合給證書

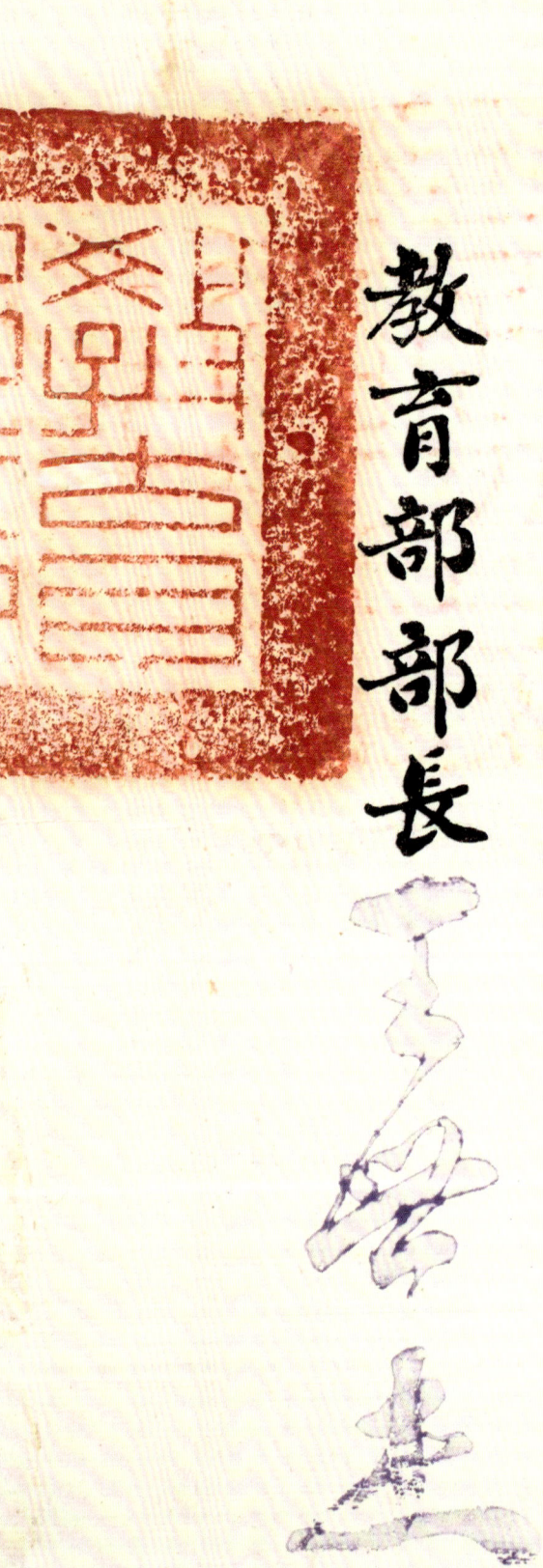

教育部部長

第五三七號

证章类

文 物 有 话 说
钱学森图书馆藏品大系

▷ 交通大学发给钱学森的奖状

1934 年
纸质 一张
纵 25 厘米 横 32.5 厘米

▽ 交通大学发给钱学森的毕业证书

1934 年
纸质 一张
纵 45 厘米 横 45 厘米

國立交通大學獎狀
茲有機械工程學院四年級學生錢學森於本學年內潛心研攻學有專長本校長深爲嘉許特給此狀以示獎勵
校長
中華民國廿三年六月 日給

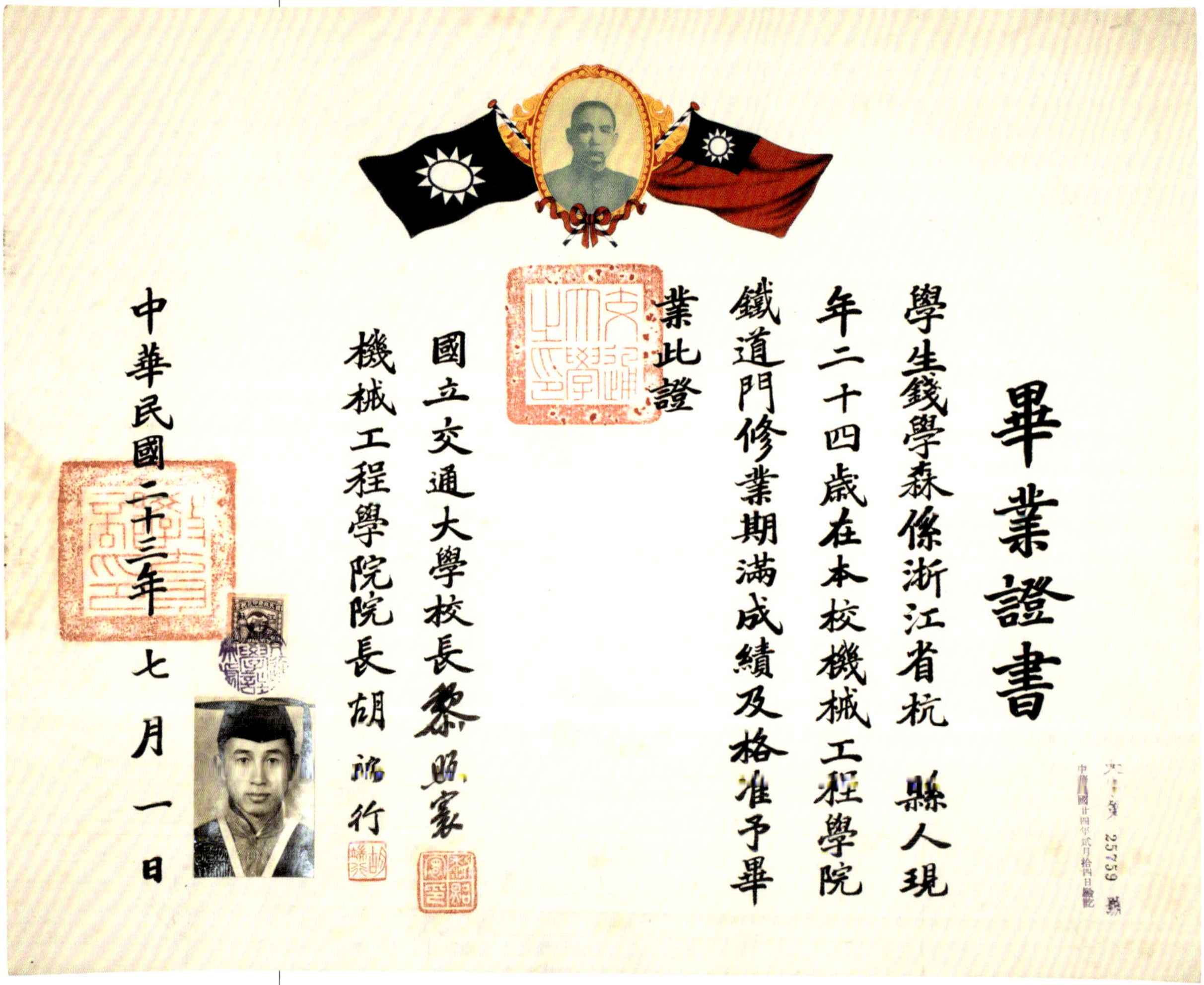

畢業證書
學生錢學森係浙江省杭縣人現年二十四歲在本校機械工程學院鐵道門修業期滿成績及格准予畢業此證
國立交通大學校長黎照寰
機械工程學院院長胡端行
中華民國二十三年七月一日

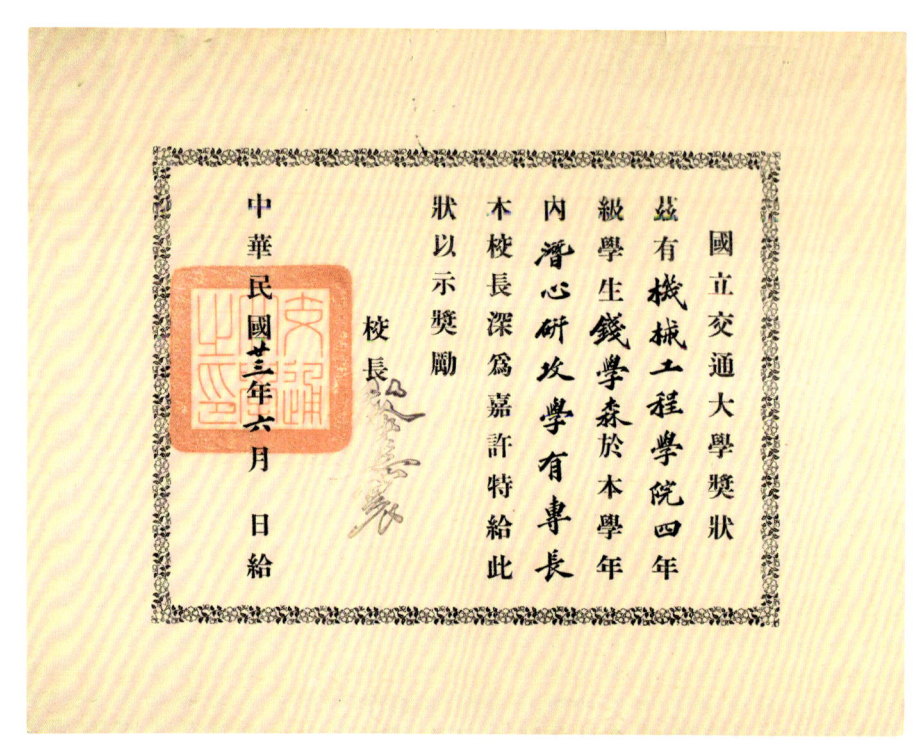

國立交通大學

Chiao-Tung University

NANYANG COLLEGE

To all to whom these Presents may come, Greeting:
Be it known that

TSIEN HSUE SHEN

having completed the studies and satisfied the requirements for the degree of

Bachelor of Science in Mechanical Engineering

has accordingly been admitted to that Degree with all the Rights, Privileges, and Honours thereto appertaining.

In witness whereof we have caused the Seal of the University and the Signatures of the President of the University and the Dean of the School of Mechanical Engineering to be hereunto affixed.

Given at Shanghai on the 1st day of July in the Twenty-Third year of the Republic of China, One Thousand Nine Hundred and Thirty-Four A.D.

President
Dean

(English copy of the original diploma)

1929 年 9 月至 1934 年 6 月，钱学森在交通大学完成学校规定的各门课程，且以机械工程学院第一名成绩毕业。毕业之际，钱学森获得由交通大学颁发的"国立交通大学奖状"，表彰其"潜心研攻、学有专长"。1934 年 7 月 1 日，钱学森从交通大学毕业并获得交通大学颁发的毕业证书，该证书由交通大学校长黎照寰和机械工程学院院长胡端行签发。就在同一天，钱学森还同时获得由交通大学授予的机械工程专业理学学位证书（英文），该证书同样由黎照寰和胡端行共同签发，以为其以公费生资格赴美留学提供教育水平证明。

△ **交通大学授予钱学森的学位证书**

1934 年
纸质 一张
纵 42.8 厘米 横 59.5 厘米

△ **中国斐陶斐励学会发给钱学森的会员证书**

1934 年
纸质 一张
纵 19.5 厘米 横 26.3 厘米

中国斐陶斐励学会,英文名 Phi Tau Phi Scholastic Honor Society of China。斐陶斐是希腊字母 Phi Tau Phi 的音译,分别代表哲学(Philosophia)、工学(Tcchologia)、理学(Physiologia)。该学会由北洋大学美籍教授艾勒斯(J.H.Ehlers)于 1921 年发起倡议设立,并于 1922 年在上海召开成立大会,同时在几所知名高校设立分会。学会会员入选条件严格,除知名教授之外,每年还在大学毕业生中择优入选会员,但须获得分会成员全体赞成票方可入选。钱学森从交通大学毕业之际,成绩优异并入选中国斐陶斐励学会交通大学分会会员,同时获得交通大学分会会长黎照寰和干事李松涛共同签发的证书。

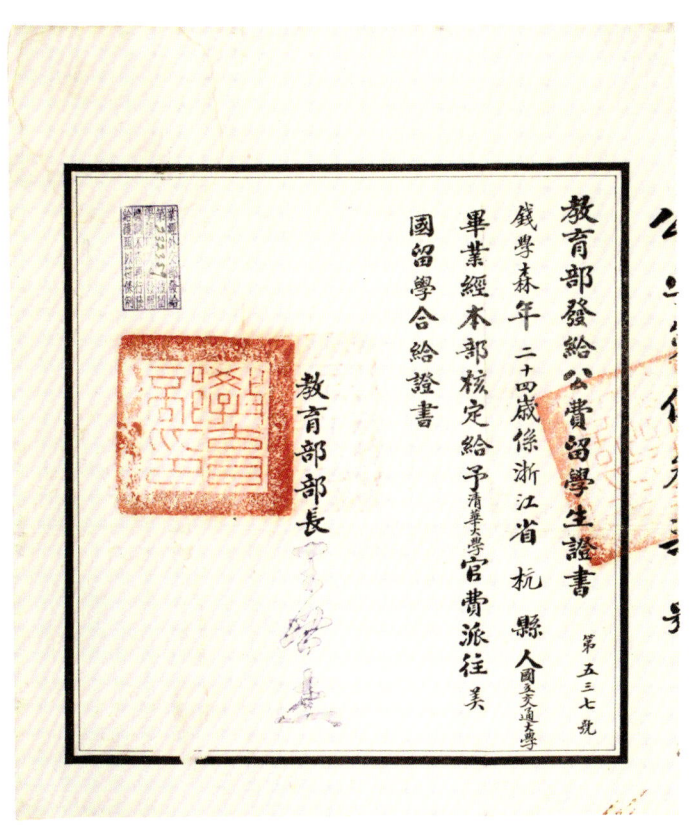

◁ **教育部发给钱学森的公费留学生证书**

1935 年
纸质 一张
纵 32.7 厘米 横 27.7 厘米

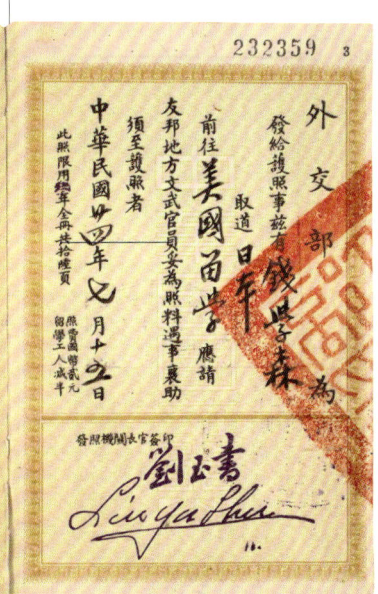

1934 年 7 月钱学森从交通大学毕业后，考取清华大学留美公费生资格，并于 1935 年 4 月获得由国民政府教育部部长王世杰签发的公费留学生证书。1935 年 7 月，钱学森前往北京和天津办理出国手续。7 月 15 日，天津市公安局为钱学森出国留学签发护照，护照编号为第 1008 号。钱学森的护照一直使用到 1955 年回国前，详细记载他到美国、加拿大、德国、英国、瑞士等国家的出入境记录，不仅是研究钱学森生平的可靠资料，同时也具有弥足珍贵的文物价值。

△ **钱学森的中华民国护照**

1935 年至 1955 年
纸质 一册 骑马钉装
纵 16 厘米 横 11 厘米

△ **麻省理工学院授予钱学森的硕士学位证书**

1936 年
纸质 一张
纵 24.5 厘米 横 31.5 厘米

　　1935 年 8 月，钱学森在上海乘坐"杰克逊总统号"邮轮赴美留学，进入麻省理工学院航空工程系就读。经过一年学习，于 1936 年 9 月完成硕士论文《边界层研究》。12 月 18 日，麻省理工学院授予钱学森航空工程硕士学位证书。右下角为麻省理工学院时任校长卡尔·康普顿（Karl T. Compton）的签名。

1936年10月至1939年5月,钱学森在加州理工学院航空系师从导师西奥多·冯·卡门攻读博士学位。经过刻苦学习,钱学森以《可压缩流体的流动以及反作用力推进》通过博士论文答辩。1939年6月9日,加州理工学院授予钱学森博士学位,以表彰他在航空、数学以及流体力学理论研究领域取得的成绩。证书由加州理工学院执行理事会主席罗伯特·安德鲁·密立根(Robert A. Millikan)签发。钱学森从加州理工学院毕业后,经导师推荐留校任职,走上学术道路。

▽ **加州理工学院授予钱学森的博士学位证书**

1939年
纸质 一张
纵23厘米 横30厘米

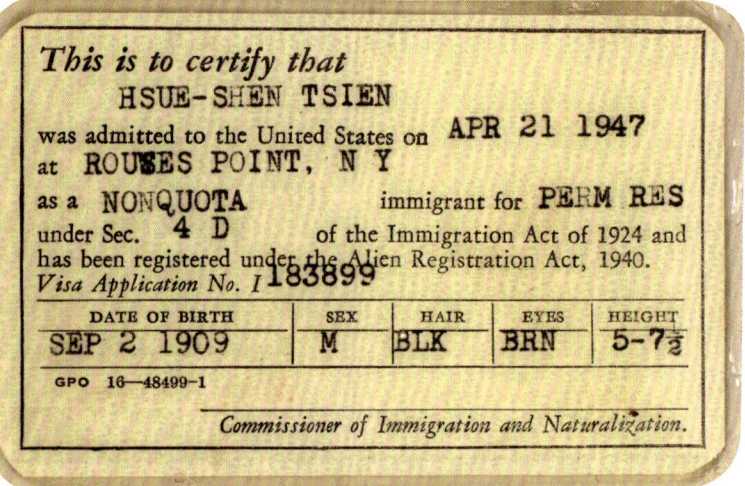

△ 美国司法部移民归化局发给钱学森的外籍人登记卡

1947 年
纸质、塑封 一张、正反
纵 5.5 厘米 横 8.5 厘米

　　1947 年 4 月 21 日，美国司法部移民归化局发给钱学森的外籍人登记卡，即所谓"美国绿卡"。登记卡的编号为 4656868，记载钱学森的基本信息，包括姓名、出生、性别以及身高等。钱学森拥有绿卡之后可长期居留美国，同时也可以最大限度的参加相关涉密项目。拥有绿卡者不仅本人能便捷地出入美国国境，同时其妻子也能合法入境美国。因此，当年钱学森暑期回国探亲并与蒋英结婚后，便据此为蒋英向美国驻上海领事馆申请前往美国的签证。

◁ 钱学森的洛杉矶安全第一国民银行存折

1949 年至 1955 年
纸质 一册、函套
纵 10 厘米 横 6 厘米

　　1948 年 12 月，美国古根海姆基金会出资分别在加州理工学院和普林斯顿大学成立喷气推进研究中心，两所大学都邀请麻省理工学院航空工程系教授钱学森担任主任；钱学森经过考虑后，决定回母校加州理工学院任职。1949 年 6 月，钱学森与家人搬到加州理工学院所在城市帕萨迪纳。7 月 18 日，钱学森前往洛杉矶安全第一国民银行奥克诺尔支行申办存折。存折上有钱学森英文"HSUE-SHEN TSIEN"签字，存折封面上面的"saving"意为活期。钱学森办理银行存折当天存入660.56 美元，从 1949 年至 1950 年之间有五笔现金存入，但存折表明 1951 年以后便无存款记录。这是因为钱学森回国决心已定，也就没有必要去银行存钱。因此当 1955 年 8 月 4 日钱学森得到美国允许离境的通知，立即预订 9 月 17 日的由洛杉矶码头驶往香港的"克利夫兰总统号"邮轮船票。9 月 16 日，钱学森前往银行取出所有存款，共计 1007.64 美元。

▷ 中国科学院科学奖金委员会授予钱学森的一等奖奖状和奖章

奖状
1957年
纸质、裱框 一件
纵43厘米 横55厘米

奖章
1957年
金属、绸带 一件
纵5.5厘米 横3厘米

《工程控制论》是1954年钱学森在美国出版的学术著作。工程控制论是钱学森1950年之后研究的一个新方向，以1947年提出的技术科学思想为指导，将当时新兴的控制论运用于工程领域。1955年钱学森回国后，于翌年初在中国科学院讲授"工程控制论"课程，传播科学前沿知识。1957年1月24日，钱学森以《工程控制论》英文版获得1956年度中国科学院科学奖金一等奖。该奖由中国科学院科学奖金委员会授予，是当时中国自然科学领域的最高奖项，包括奖状和奖章。奖状由中国科学院院长郭沫若签发，奖章反面刻有"中国科学院科学奖章001"字样。

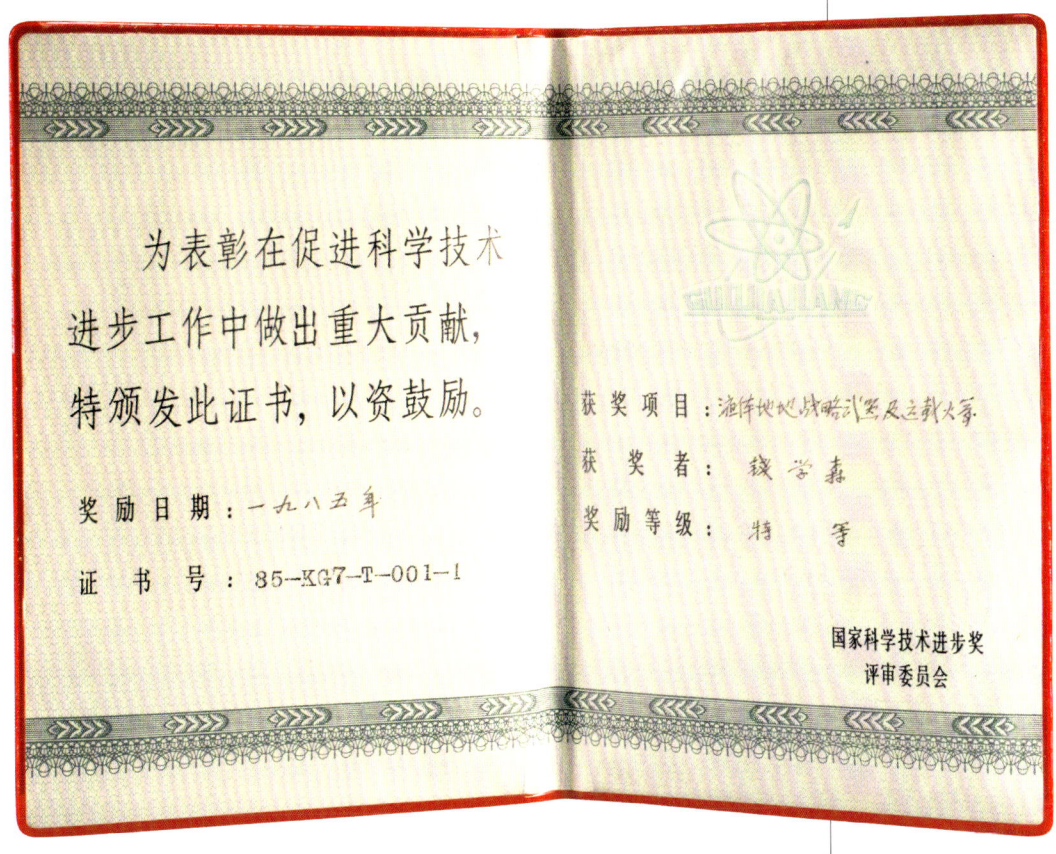

△ 国家科学技术进步奖评审委员会颁发给钱学森的特等奖证书

1985 年
纸质 一件
纵 22.2 厘米 横 16.5 厘米

国家科学技术进步奖是我国科技领域内的五大奖项之一，其余四项为国家最高科学技术奖、国家自然科学奖、国家技术发明奖、国际科学技术合作奖。该奖项旨在奖励为科技进步做出突出贡献的公民和组织，每年评审一次，分为一、二等奖两个等级，但对具有特别贡献的可以授予特等奖。首届国家科学技术进步奖于 1985 年评审和颁发。其中，"液体地地战略武器及运载火箭"获得特等奖。该项目是七机部（航天部前身）一分院研制的远程地地导弹。钱学森是第一获奖人。证书编号 85-KG7-T-001-1。钱学森在其中参与了很多工作，因此在评奖过程中被提名为获奖人。但他一再谦让并婉拒，希望将获奖机会留给其他人。最终，评审委员会经综合考虑还是授予他该奖项。钱学森知道后说："我明确表示不要这个奖，他们还是把我排进来。这样一来，这个项目的总师屠守锷就成了第二获奖人，而且受影响的还不止他一个人，所有的获奖人都受影响，这不合适嘛！"

▷ 国际技术与技术交流大会和国际理工研究所授予钱学森的"小罗克韦尔"和"世界级科学与工程名人"奖章

"小罗克韦尔"奖章
1989 年
金属 一件
直径 7.5 厘米 厚 0.8 厘米

"世界级科学与工程名人"奖章
1989 年
金属、绸带 一件
直径 6.2 厘米 厚 0.3 厘米

1989 年初,国际科学技术协会主席塔巴致信我国驻美大使称:"中国著名科学家钱学森获 1989 年威拉德·罗克韦尔技术杰出奖,钱学森的名字已正式列入《世界工程、科学、技术名人录》,并同时授予'国际理工研究所名誉成员'称号,表彰他对火箭、导弹技术、航天技术和系统工程理论做出的重大开拓性贡献。"当时,世界上仅有 16 名现代科技专家获得"世界级科技与工程名人"称号,钱学森是唯一一位中国学者。1989 年 6 月 29 日,颁奖大会在美国纽约举行,中国驻美大使韩叙代为领奖。1989 年 8 月 4 日,国防科工委及中国科协为钱学森举办庆祝会时将奖项转交给他,他说:"今天给我的奖,说是第一个中国人得此奖,我说,要紧的是'中国人'三个字,这个'中国人',应该包括中国成千上万为此做出贡献的人。"

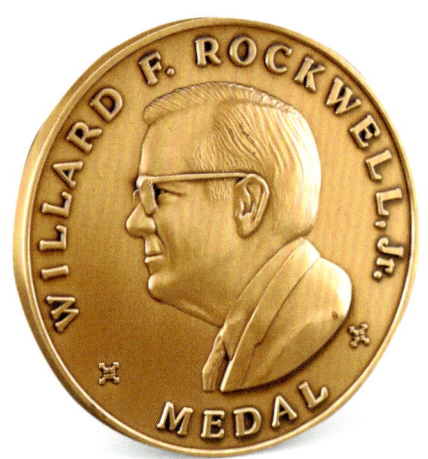

"小罗克韦尔"奖章

"世界级科学与工程名人"奖章

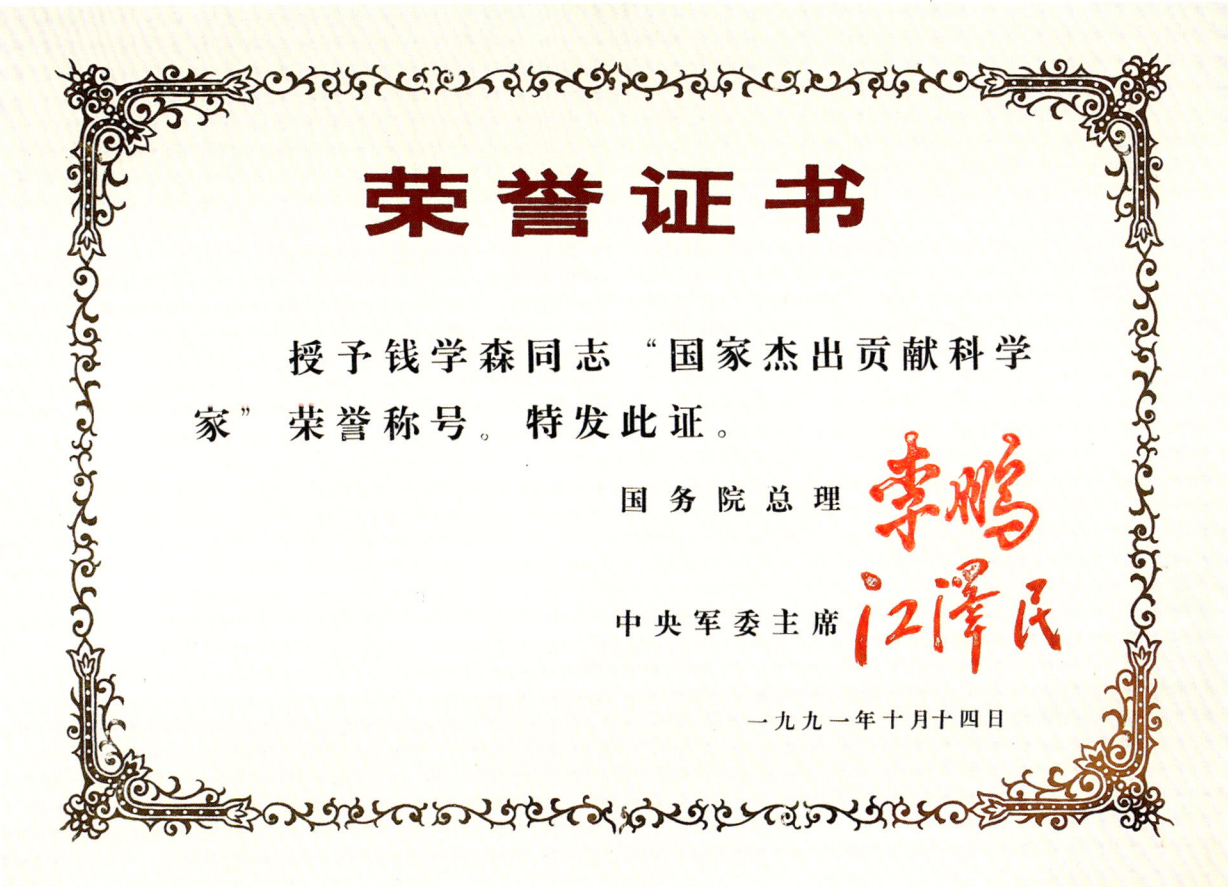

△ 国务院和中央军委授予钱学森的"国家杰出贡献科学家"荣誉称号证书

1991年
纸质 一张
纵41.6厘米 横26.7厘米

1991年10月14日，为表彰钱学森全心全意为人民服务，为祖国科技事业发展做出的卓越贡献，国务院总理李鹏、中央军委主席江泽民签发授予钱学森"国家杰出贡献科学家"荣誉称号。10月16日下午，国务院、中央军委、国防科工委、国家科委、航空航天部、中国科学院、中国科协在人民大会堂为钱学森举行授奖仪式。在这一激动人心的时刻，钱学森却坦言，自己并不很激动。这是为什么呢？因为，他这一辈子已经有了三次非常激动的时刻。面对众多荣誉，钱学森始终保持一颗淡泊之心。正如他所说："我本人只是沧海一粟，渺小得很，真正伟大的是中国人民，是中华人民共和国！"

钱学森的"三次激动"分别指：第一次是1955年回国前向导师冯·卡门告别时，冯·卡门看了钱学森的新书《工程控制论》和物理力学授课讲义，说"你现在在学术上已经超过了我"；第二次是他于1959年建国十周年时，"被接纳为中国共产党的党员"；第三次是他看到"中共中央组织部把雷锋、焦裕禄、王进喜、史来贺和钱学森这五个人作为解放40年来在群众中享有崇高威望的共产党员的优秀代表"时，"心里激动极了"，觉得"与劳动人民中最先进的分子连在一起了"。

▷ 中国科学院补发的钱学森增聘为学部委员的铭牌、徽章和证书

铭牌
1993 年
木质 一件
纵 28.5 厘米 横 21 厘米

徽章
1993 年
金属 一件
直径 1 厘米 高 1.5 厘米

证书
1993 年
纸质 一张
纵 36.5 厘米 横 29 厘米

经 1994 年 1 月召开的中央政治局常务委员会议批准，中国科学院学部委员改称为中国科学院院士。钱学森于 1957 年被增聘为中国科学院数学物理学化学部委员。1993 年 10 月，"中国科学院学部委员"改称为"中国科学院院士"学部委员正式改名为院士。中国科学院为他补发了学部委员铭牌、证书与徽章。其中，铭牌编号为 CAS-1957-003，证书编号为 0081，徽章为金属材质制作。

徽章

铭牌

证书

"何梁何利基金"由何善衡慈善基金会有限公司、梁銶琚博士、何添博士、利国伟博士之伟伦基金有限公司于1994年3月30日捐款成立。基金宗旨是通过奖励取得杰出成就的我国科技工作者,促进中国的科学与技术发展,倡导尊重知识、尊重人才、崇尚科学的良好社会风尚,激励科技工作者不断攀登科学技术高峰,加速国家现代化建设进程。该基金设"何梁何利基金科学与技术成就奖"、"何梁何利基金科学与技术进步奖"、"何梁何利基金科学与技术创新奖",每年评奖一次。1995年1月12日上午,"何梁何利基金"首届颁奖大会在人民大会堂举行,钱学森被授予一九九四年度技术科学奖优秀奖,并获得100万港元奖金。钱学森获奖后,将奖金悉数捐给促进沙产业基金会管委会,作为沙产业发展基金。

△ **何梁何利基金评选委员会发给钱学森的优秀奖奖牌**

1994年
木质 一件
纵32.5厘米 横26厘米
厚3.5厘米

△ 中共中央、国务院和中央军委授予钱学森的两弹一星功勋奖章和证书

两弹一星功勋奖章
1999 年
金属 一件
直径 8 厘米 高 1.8 厘米

两弹一星功勋证书
1999 年
纸质 一张 正反
纵 41.5 厘米 横 28.5 厘米

"两弹一星"一般指核弹（原子弹、氢弹）、导弹和人造卫星。20 世纪 50 年代，毛泽东等党和国家领导人为增强国防实力、保卫和平，果断做出研制原子弹、氢弹、导弹以及人造地球卫星的战略决策。数以万计的科技工作者响应党和国家的召唤，投身于这一神圣而伟大的事业。在此过程中，培育和发扬出载入史册的"两弹一星"精神，即热爱祖国、无私奉献，自力更生、艰苦奋斗，大力协同、勇于登攀。

1999 年 9 月 18 日，中共中央、国务院和中央军委授予钱学森等 23 位科学家"两弹一星功勋奖章"，以表彰他们为我国"两弹一星"事业做出的突出贡献。钱学森因身体原因，未能亲自前往领取。授奖大会结束后，解放军总装备部部长、党委书记曹刚川，解放军总装备部政委李继耐，解放军总装备部科技委主任朱光亚等人到钱学森家中，将"两弹一星功勋奖章"及获奖证书交给钱学森。

该奖章由 99.9% 纯金铸造，重量 515 克，配有红色绶带，可悬挂佩于胸前。奖章主体图案由五星、长城、橄榄枝和光芒线组成。奖章中心的五星代表中华人民共和国；长城既象征着中华民族坚强不屈的精神，又象征着共和国坚不可摧的国防；橄榄枝则表明我国研制"两弹一星"的目的是为了维护世界和平。

两弹一星功勋奖章
证 书

中共中央 国务院 中央军委
一九九九年九月十八日

证 书

钱学森同志为我国研制
"两弹一星"作出突出贡献，
特授予两弹一星功勋奖章。

江泽民

一九九九年九月十八日

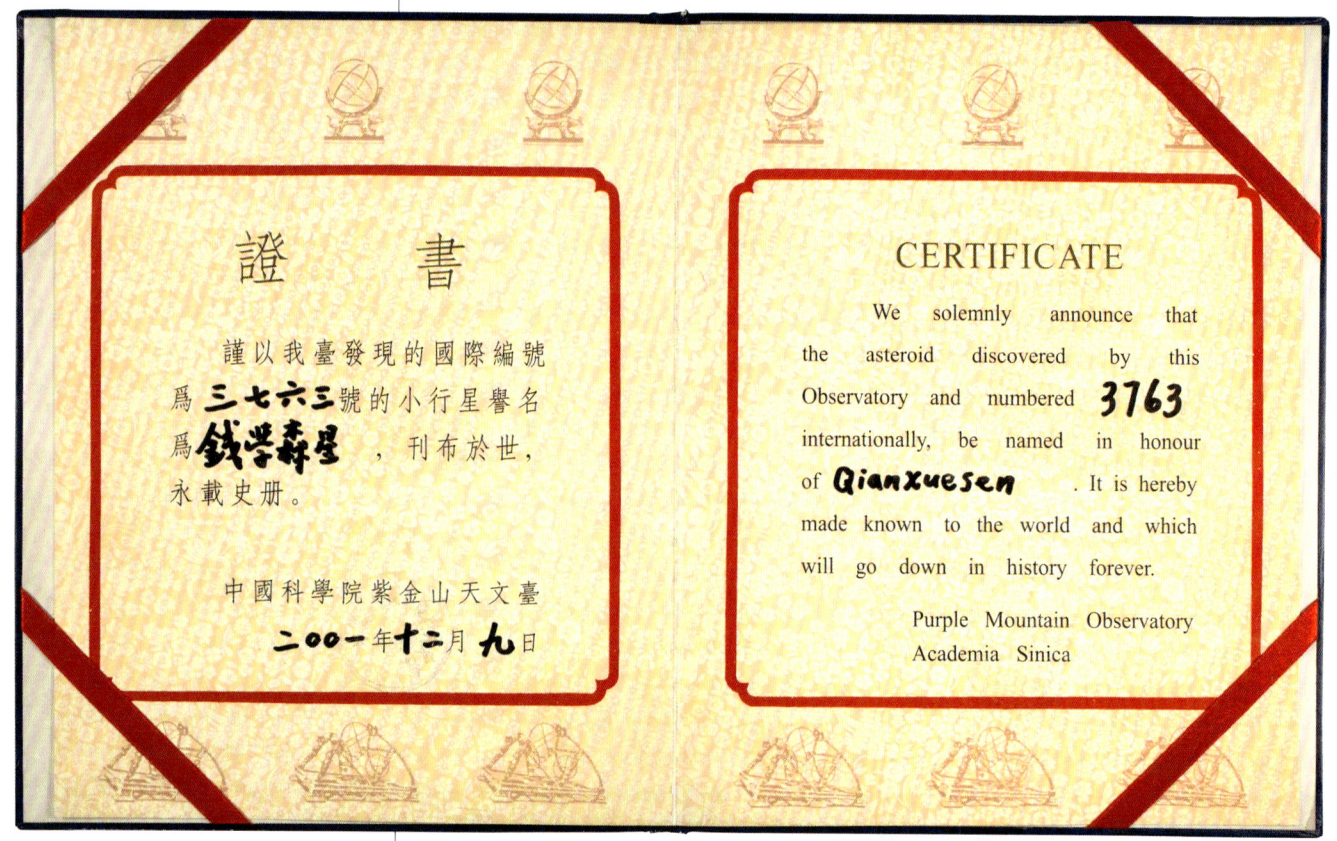

△ 中国科学院紫金山天文台颁发的"钱学森星"证书和铭牌

证书
2001年
纸质 一张
纵 42 厘米 横 27.5 厘米

铭牌
2001年
金属 一件
纵 33 厘米 横 39 厘米
厚 3 厘米

　　1980 年 10 月 14 日晚，中国科学院紫金山天文台用 40 厘米双筒望远镜，发现并拍摄了一颗位于双鱼星座的新小行星。该星沿偏心率为 0.104 的椭圆轨道绕日运行，公转周期为 3.38 年，于 1988 年 2 月获得第 3763 号的国际正式编号。经国际小行星中心和国际小行星命名委员会批准，紫金山天文台于 2001 年 10 月将它命名为"钱学森星"，以此表彰钱学森为人类科技事业做出的贡献。

文献类

文 物 有 话 说
钱学森图书馆藏品大系

▷ 钱学森藏书《卜氏七位对数表》

1933 年
纸质 一册
纵 22.5 厘米 横 16 厘米

这册《卜氏七位对数表》是钱学森在交通大学读书时使用的工具书，赴美留学后亦携带在身边，以便利用。该书由段育华编译，商务印书馆1933年出版的。引言写道："数表最忌错误，亦最易致错误，是书乃由德国大学天文学教授卜龙士（Dr.Bruhns）之对数表影印而成，精确无异原著，原著曾由卜氏及其友人六七学者经五次之校雠，可谓绝无错误。"

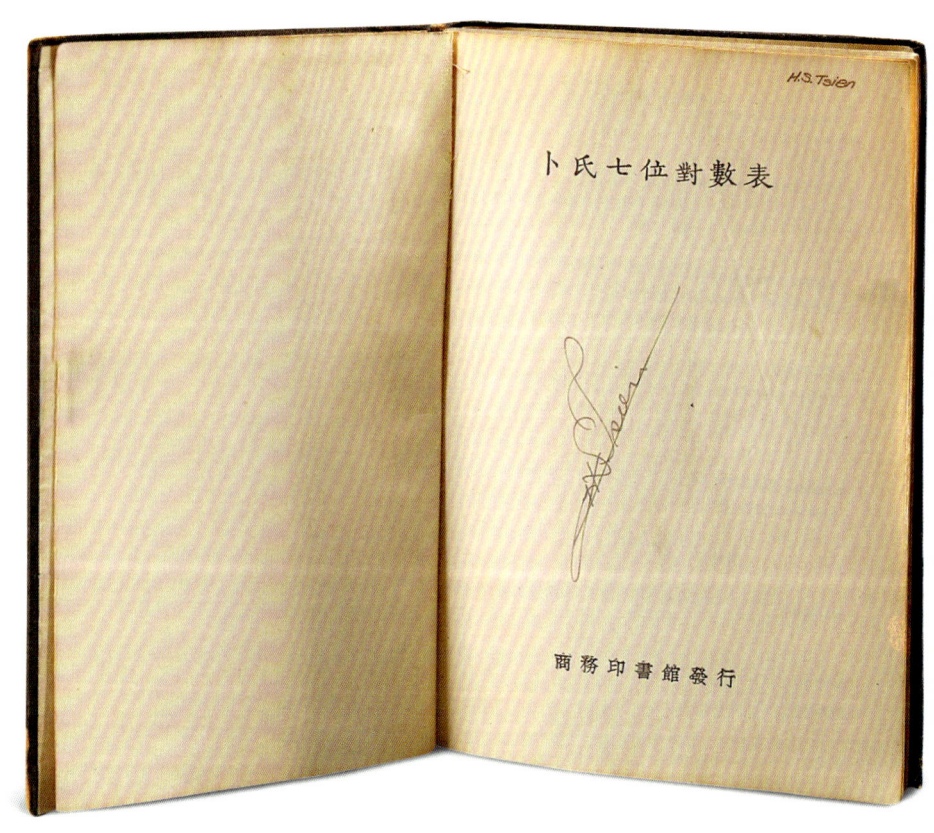

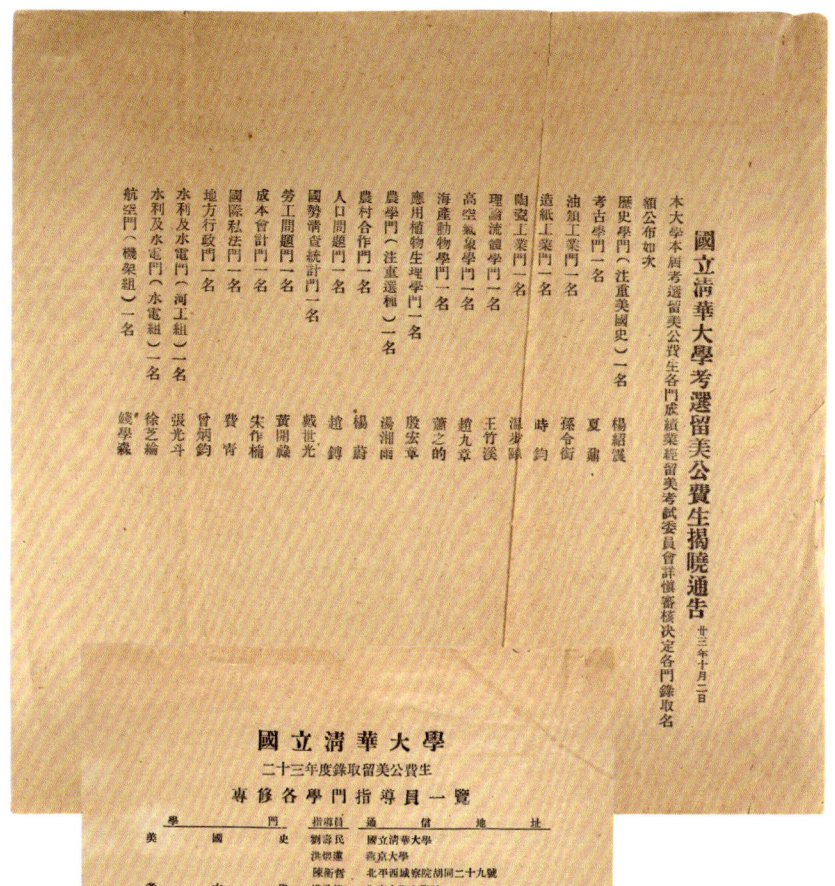

◁ 清华大学考选留美公费生揭晓通告

1934 年
纸质 一张
纵 26 厘米 横 26.7 厘米

◁ 清华大学二十三年度录取留美公费生专修各学门指导员一览

1934 年
纸质 一张
纵 35.5 厘米 横 17.9 厘米

  1934 年 8 月，钱学森前往南京中央大学，参加清华大学留美公费生选拔考试。考试科目有党义、外语、微积分及微分方程、应用力学及材料力学、热工学、机械设计及原理、航空工程等。10 月 2 日，经过清华大学留美考试委员会的审核，最终录取 20 人，其中航空门（机架组）录取的考生是钱学森。钱学森考取留美公费生后，根据清华大学安排，先后在杭州、南昌、南京以及上海等地进行专业实习。清华大学为他安排了四位实习指导教师：王士倬（清华大学）、钱莘觉（南昌航空委员会）、王守竞（南昌航空委员会）、王助（杭州飞机制造厂）。钱学森后来回忆说："1934 年夏我报考清华公费留美，改行了，要学航空工程。录取后，在国内杭州笕桥及南昌的飞机工厂见习了几个月，算是入门。"

▷ 钱学森赴美留学前的亲友赠言册

1934 年
纸质 一册 锁线装订
纵 10 厘米 横 15.7 厘米

———

1935 年 7 月，钱学森在北京和天津办理出国手续，随后又回到杭州和上海准备出国事宜，整装待发。此间，钱学森与同学、亲友道别时，他们纷纷在赠言册上寄语。图中赠言册里的骑摩托车者为钱学森表哥章镜秋。此外，赠言册上还有娄育后、傅永汉、李学孟等人的赠言。这些饱含深情的赠言流露出同学、亲友对钱学森的殷切期望；钱学森也将赠言视为奋斗目标并化为实际行动，终究成为一位在世界领域内享有盛誉的中国科学家。

◁ 钱学森藏书 FORTUNE

1943 年
纸质 一册 胶装
纵 33.1 厘米 横 26.5 厘米

钱学森收藏的这本 1943 年 5 月出版的《财富》杂志,封面上描写的是中国空军保卫"最后生命线"的场景。当时的中国正处于抗日战争之际,身在美国的钱学森通过各种途径了解和关注战争动态。虽不能投笔从戎,但钱学森通过为国内航空研究所(成都)撰写《高速气流突变之测定》,以帮助中国航空科学研究水平之提高,从而践行了科学救国的初心。

```
HEADQUARTERS, ARMY AIR FORCES
OFFICE OF THE COMMANDING GENERAL
WASHINGTON 25, D. C.
13 February 1946

Dr. Hsue-Shen Tsien
360 East Buena Loma Court
Altadena, California

Dear Dr. Tsien:

    I have read the final report of the AAF Scientific Advisory Group
and wish to thank you for your extensive and extremely valuable contribu-
tions to the achievements of that group.

    Among your contributions are:
    A study and analysis of the effects of air compressibility
in aerodynamics, the drag reduction obtained by maintaining the laminar
boundary layer, the shock wave, and particularly the interaction of
shock wave and boundary layer;
    A survey report of both the German aeropulse and the American
version of it, comparing performance and studying specific fuel con-
sumption of this type engine;
    A comprehensive report on the future trends in the design and
development of solid and liquid fuel rockets with an analysis of the
solid and liquid propellant rockets now used or suggested for use in
propelling artillery rockets, for the assisted take-off of aircraft,
for the launching of flying bombs and missiles and for the propulsion
of large missiles.

    Your reports should indeed be of great assistance in planning
the future research program of the Army Air Forces.

                                    Very sincerely yours,

                                    H. H. ARNOLD
                                    Commanding General, Army Air Forces
```

△ **美国国防部陆军航空兵司令亨利·哈利·阿诺德签署的表彰钱学森的信件**

1946 年
纸质 一张
纵 23 厘米 横 17.5 厘米

美国在第二次世界大战即将结束之际，为保持战后的长期科技战略优势，于 1944 年底成立国防部陆军航空兵科学咨询团。咨询团团长为钱学森导师西奥多·冯·卡门，主要是为军方提供科研决策咨询。1945 年 4 月至 6 月，钱学森作为咨询团成员前往德国、瑞士、英国等国考察飞机、火箭和炸弹等军事科学研究现状。考察结束后，咨询团向美国军方提交一份 13 卷《迈向新高度》，其中由钱学森负责撰写 5 卷 7 个部分内容。1946 年 2 月 13 日，美国国防部陆军航空兵司令亨利·哈利·阿诺德致函钱学森，表彰他为撰写报告所做出的贡献，并在表彰信中写道："您的报告对陆军航空兵未来的研究项目规划提供巨大的帮助。"

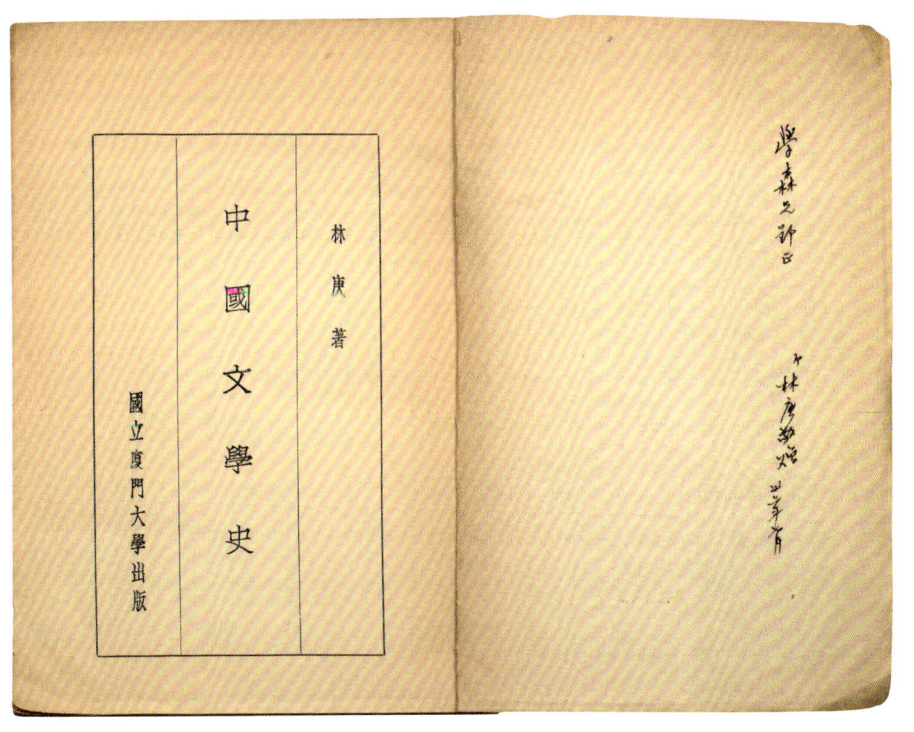

◁ 钱学森藏书《中国文学史》

1947 年
纸质 一册
纵 22.8 厘米 横 16 厘米

《中国文学史》作者为林庚，是钱学森在北京师范大学附属中学就读时的学长。林庚比钱学森年长一岁，两人在中学有过交往。林庚于 1928 年考入清华大学物理系，但不久对文学产生浓厚兴趣并申请转系到文学系就读，由此走上文学道路，大学毕业后留校任教，还曾担任过朱自清的助教。后因抗战爆发，林庚转到厦门大学任教，及至 1947 年将讲课教材出版成书并邀请朱自清作序，即《中国文学史》。1947 年钱学森回国探亲之际，获得林庚的题赠本并一直珍藏。

OFFICE OF THE PRESIDENT

August 24, 1948

Professor Hsue-Shen Tsien
Aeronautical Engineering

Dear Professor Tsien:

    I am happy to inform you that the Executive Committee has approved an increase in your salary to $9,000 a year, effective July 1, 1948.

Sincerely yours,

J. R. Killian Jr.
Vice President

```
MASSACHUSETTS INSTITUTE OF TECHNOLOGY
CAMBRIDGE 39, MASSACHUSETTS
OFFICE OF THE PRESIDENT



                            Professor H. S. Tsien
                              Aeronautical Engineering


        PERSONAL
```

1939年钱学森从加州理工学院毕业后留校任职,先后担任助理研究员、助理教授、副教授。1946年秋学期,钱学森接受麻省理工学院聘任,担任航空工程系副教授。1947年3月,钱学森晋升为麻省理工学院航空工程系教授,时年36岁。1948年8月24日,麻省理工学院校长办公室副主任致函通知钱学森,从1948年7月起,年薪增加到9000美元/年。

△ **麻省理工学院通知钱学森增加年薪的信件**

1948年
纸质 一张 附信封
纵 26.9 厘米 横 20.5 厘米

▷ **钱学森藏书**

HOW TO COOK AND EAT IN CHINESE

1949 年
纸质
纵 20.9 厘米 横 14.4 厘米

▷ **钱学森藏书**

THE PERFECT HOSTESSCOOK BOOK

1949 年
纸质
纵 26 厘米 横 19.6 厘米

▷ **钱学森藏书**

THE FIRESIDE COOK BOOK

1949 年
纸质
纵 26 厘米 横 19.6 厘米

这三册钱学森藏书，见证了一个科学家的家庭日常生活。其中，HOW TO COOK AND EAT IN CHINESE 译为《中国食谱》，最早出版于 1945 年，后于 1949 年再版。钱学森收藏的是第二版。该书作者杨步伟，其丈夫是著名语言学家赵元任。钱学森留美之际经常受邀去赵家做客，杨步伟亦经常以丰盛中餐待之。其余两册 THE PERFECT HOSTESS COOK BOOK 和 THE FIRESIDE COOK BOOK，则是蒋英为了学习如何制作西餐而购买。因为"钱学森案件"发生后，钱学森和蒋英夫妇被迫辞退了雇佣，家务便须由自己承担。于是，蒋英主动承担起烹饪的家务。

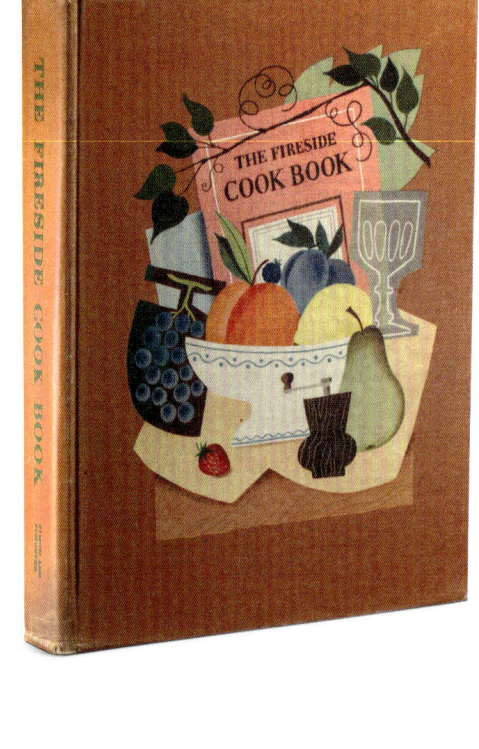
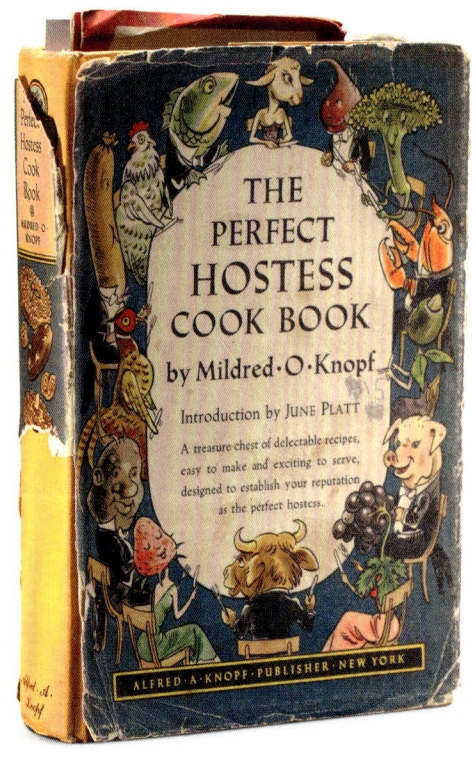

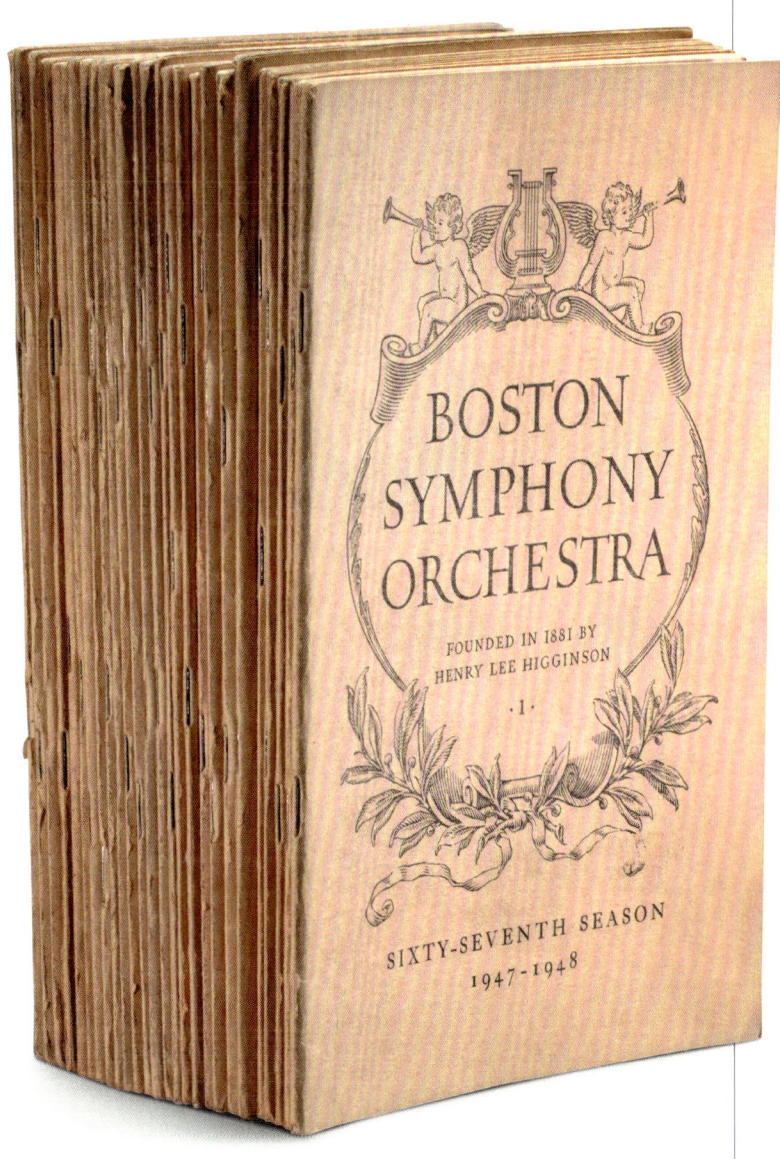

钱学森和蒋英夫妇都喜欢音乐。1947 至 1949 年,在波士顿居住期间,他们经常去听波士顿交响乐团的交响乐,因而收藏了不少波士顿交响乐团节目单。

△ **钱学森家收藏的波士顿交响乐团节目单**

1947 年至 1949 年
纸质 二十七册 骑马钉装
纵 21.5 厘米 横 14.5 厘米

▷ **钱学森留美期间制作的英文剪报**

1945 年至 1950 年
纸质 九册 线装
纵 37-41 厘米 横 31 厘米

钱学森在学术生涯中非常重视资料的收集、整理与分析，做法之一就是制作剪报。这九册剪报是他在美国期间制作的英文剪报，但不解的是，剪报主题却是原子能，而非钱学森的专业空气动力学。然而，这背后又反映出钱学森对于科学前沿的把握能力。原子能的发现与利用是人类社会发展过程中最重要的转折点，尤其原子弹在日本的实际运用，无人不惊叹于它的强大能量。钱学森的九册剪报就是在这种历史背景下制作的，主要剪自《纽约时报》等报刊，时间从 1945 年持续到 1950 年。从内容看，钱学森主要聚焦于原子能的利用问题，且长期关注美国、苏联、法国、德国、加拿大、意大利等国在原子能方面的研究动向。而钱学森也于 1946 年在《航空科学》上发表《原子能》一文，在某种程度上为他在 1966 年作为技术总负责人在原子弹和导弹"两弹结合"试验中发挥了重要作用。

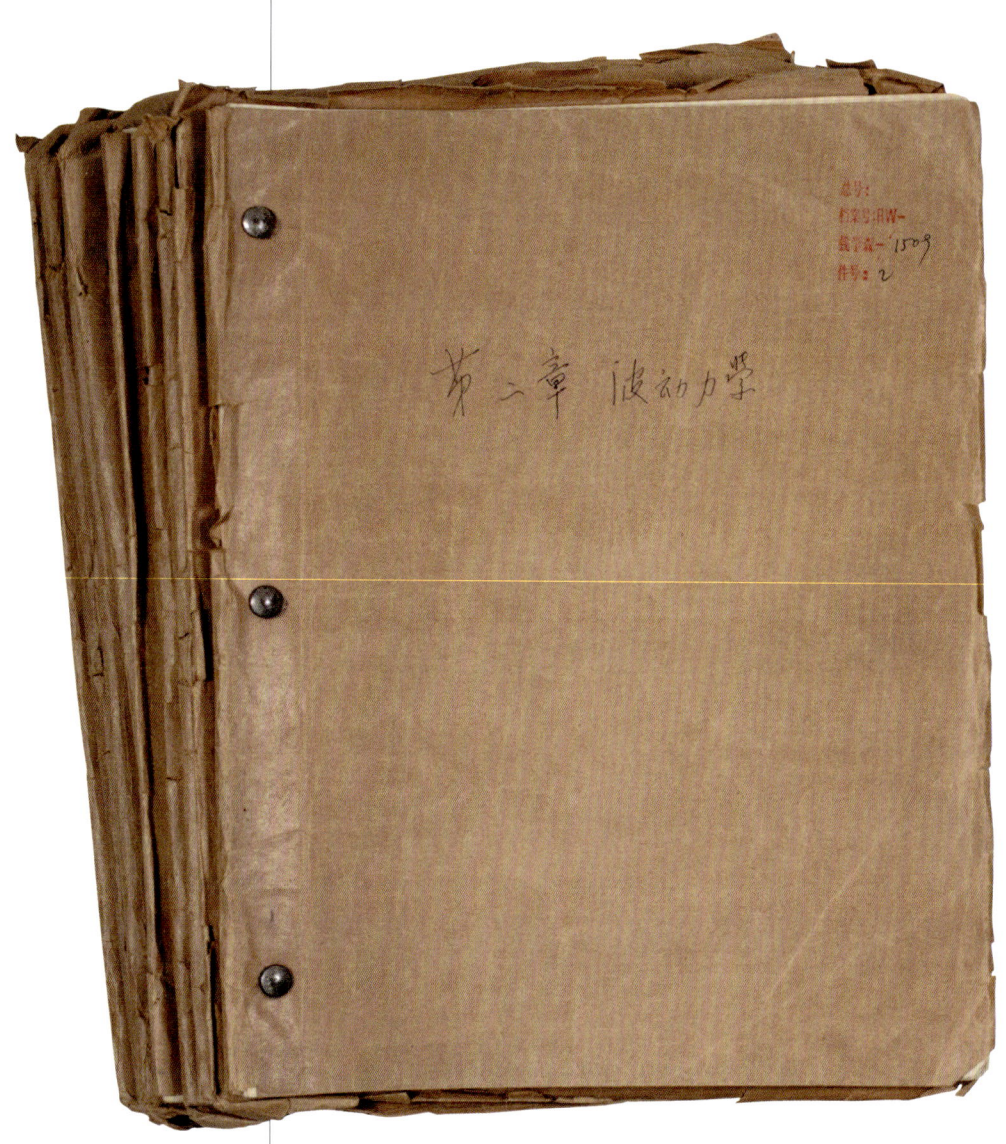

△《物理力学讲义》打印件

1954年至1955年
纸质 十三册
纵28.2厘米 横22厘米

20世纪50年代初期，钱学森提出建立一门新的技术科学：物理力学。经过多年研究，他在1953年发表了具有标志性的论文《物理力学：工程科学的一个新领域》。物理力学是力学的一个分支学科，主要是借助近代物理学、物理化学和量子化学等学科的成果研究介质和材料的宏观现象及其运动规律。作为一个新的研究领域，物理力学具有十分重要的学术价值，被钱学森认为是"介乎固体力学、流体力学和物理、化学之间的生长点"。在执教加州理工学院之际，钱学森为研究生开设了"物理力学"课程并编写了用于教学的《物理力学》讲义打印件。他回国之后又推动中国科学技术大学设置物理力学专业，培养物理力学方面的人才。1962年，钱学森的《物理力学讲义》中文版在中国正式出版，此后被译成俄文。

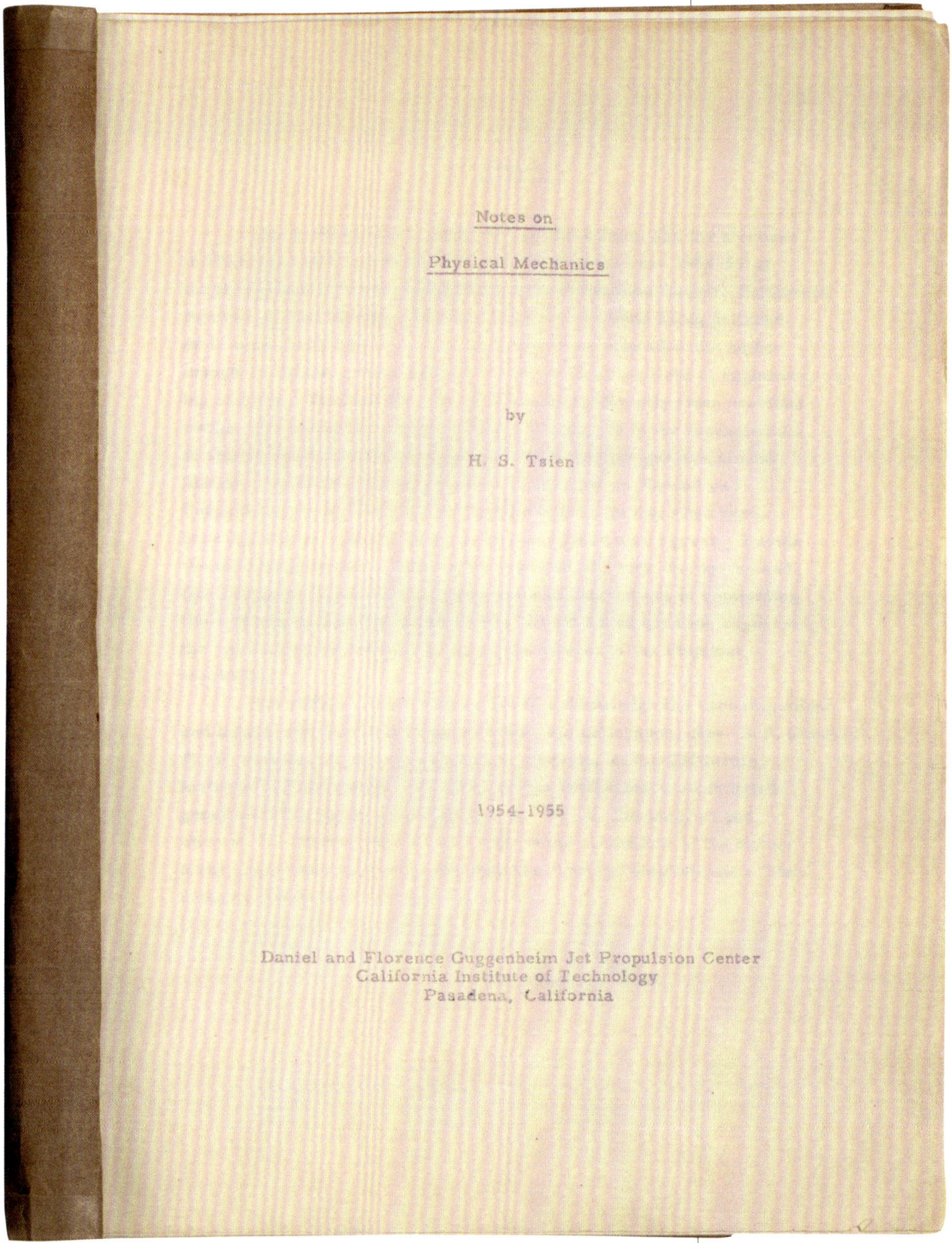

Notes on

Physical Mechanics

by

H. S. Tsien

1954-1955

Daniel and Florence Guggenheim Jet Propulsion Center
California Institute of Technology
Pasadena, California

▷ 钱学森到洛杉矶移民归化局报告行踪的档案

1953 年至 1955 年
纸质 一张、正反
纵 27 厘米 横 18 厘米

▷ 美国司法部移民归化局通知钱学森可以离境的信件

1955 年
纸质 一张
纵 17.7 厘米 横 20.3 厘米

钱学森自 1950 年被限制离开美国，并且 1953 年 3 月 10 日起须按月前往洛杉矶移民归化局备案，报告自己的行踪。事实上，钱学森此间处于被监视居住的状态。而这份钱学森到美国司法部移民归化局报告行踪的档案，真实地记载了美国是如何限制人身自由的。直到 1955 年经过中国政府的多方努力和交涉，美国司法部移民归化局最终于 8 月 4 日致函钱学森，宣布取消 1950 年 8 月 23 日禁止他离开美国的命令。不久之后，钱学森与家人登上"克利夫兰总统号"邮轮，从而结束 20 年的"异国他乡"生活，回到祖国。

▷ "克利夫兰总统号"邮轮三等舱旅客身份证明

1955 年
纸质 一张
纵 21.4 厘米 横 25.9 厘米

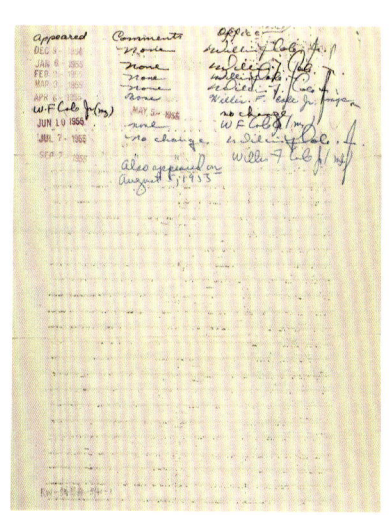

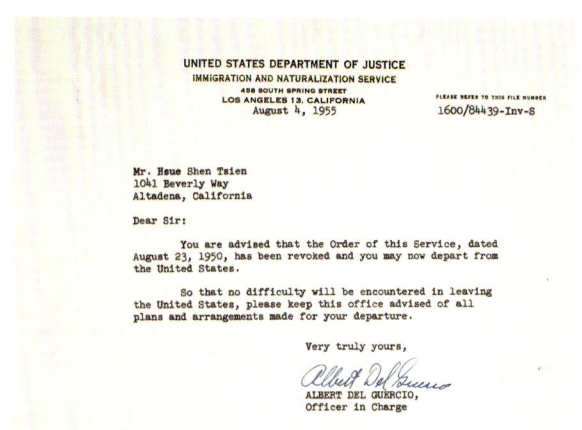

◁ "克利夫兰总统号"
邮轮补升一等舱证
明

1955 年
纸质 一张
纵 13.8 厘米 横 22.4 厘米

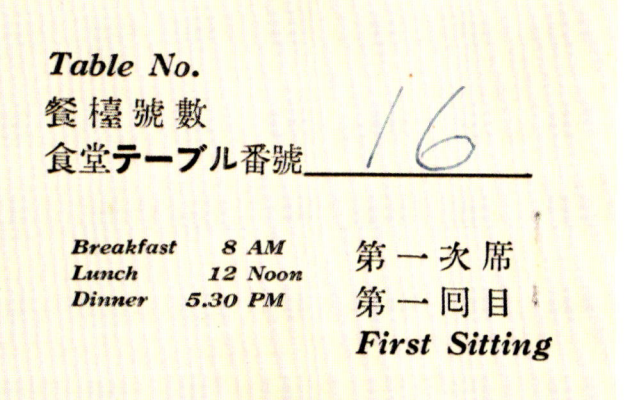

◁ "克利夫兰总统号"
邮轮用餐券

1955 年
纸质 一张
纵 5.9 厘米 横 9.2 厘米

▽ 钱学森与家人抵达香
港时的登岸证

1955 年
纸质 四张
纵 8.9 厘米 横 11.4 厘米

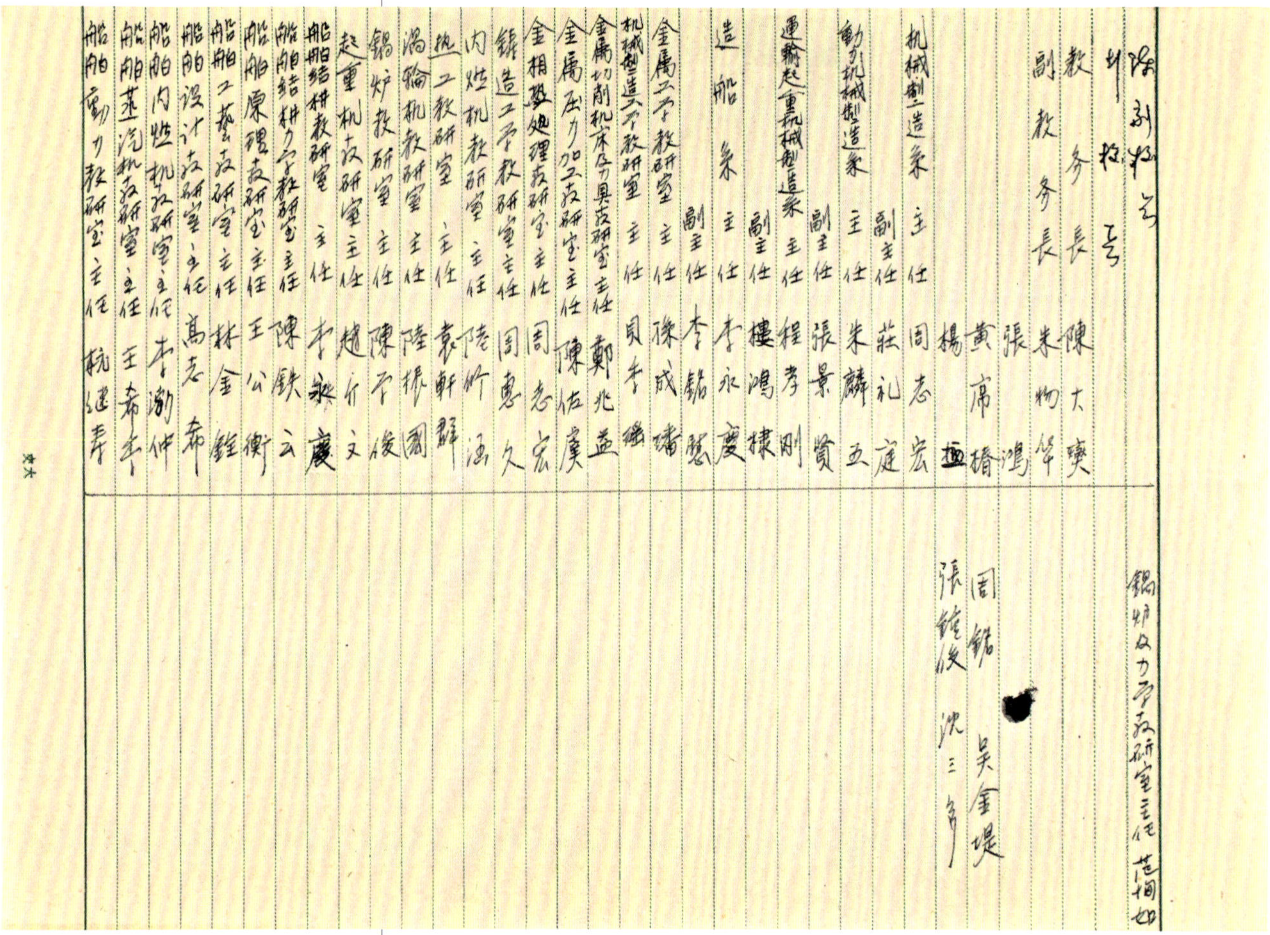
除副校長外
計校長
教務長 陳大燮
副教務長 朱物華
張鴻
黃席椿
楊槱
機械製造系 主任 周志宏
副主任 莊禮庭
動力機械製造系 主任 朱麟五
副主任 張景賢
運輸起重機械製造系 主任 程孝剛
副主任 樓鴻棣
造船系 主任 李永慶
副主任 李銘慈
金屬工學教研室 主任 徐成璠
機械製造工藝教研室 主任 貝季瑤
金屬切削機床及刀具教研室主任 鄭北益
金屬壓力加工教研室主任 陳佐慶
金相熱處理教研室主任 周志宏
鑄造工學教研室主任 周惠久
內燃機教研室 主任 陸聆涵
熱工教研室 主任 袁軒群
渦輪機教研室 主任 陸振園
鍋爐教研室 主任 陳學俊
起重機教研室主任 趙介文
船舶結構教研室 主任 李秉慶
船舶結構力學教研室主任 陳鐵云
船舶原理教研室主任 王公衡
船舶工藝教研室主任 林金銘
船舶設計教研室主任 高志希
船舶內燃機研究室主任 李渤仲
船舶蒸汽機教研室主任 王希季
船舶動力教研室主任 杭繼壽
鍋爐及力學教研室主任 范緒如
周銘 吳金堤
張鐘俊 沈三多

△钱学森在交通大学举行座谈会的参与人员名单

1955 年
纸质 一张
纵 19 厘米 横 28 厘米

1955 年 10 月，钱学森前往北京途中，在上海短暂停留，看望父亲和友人。10 月 25 日，钱学森受交通大学邀请回到母校，与学校副校长、教务长、系主任、教研室主任等 30 余人举行座谈会。在座谈会上，钱学森汇报了回国历程以及回到祖国后的见闻，同时还介绍了自己正在从事的科研工作。座谈中，交通大学工业企业电气化教研室给钱学森写了一张便笺，告诉钱学森交通大学开设了一门相当于自动控制论的“自动调整理论”专业课，但因为没有教材而边教边学，因此希望钱学森能提供一册《工程控制论》，由母校图书馆收藏。

▽ 交通大学工企教研室调整理论教学小组给钱学森的便笺

1955 年

纸质 一张

纵 26 厘米 横 17 厘米

交通大學用箋

我们组高兴你今天来母校参加座谈会，现在我们工業企業电气化教研室开了一门课“自動調整理論”，相当于Regulation and Servomechanism，边教边学，離開现代水平甚远，早听说你在国外写了一本Cybernetics in Engineering，我们很想读些自动控制学家写的书，不知你有没有把原书带回来，希望慨赠我们学校图書館一册，倘没有原文本，可否寫成中文，交印出版，推動国内科学上的这一環節，我们更希望你能介绍些Cybernetics在国外的發展，即致

敬礼

工企教研室调整理論教学小组

即日

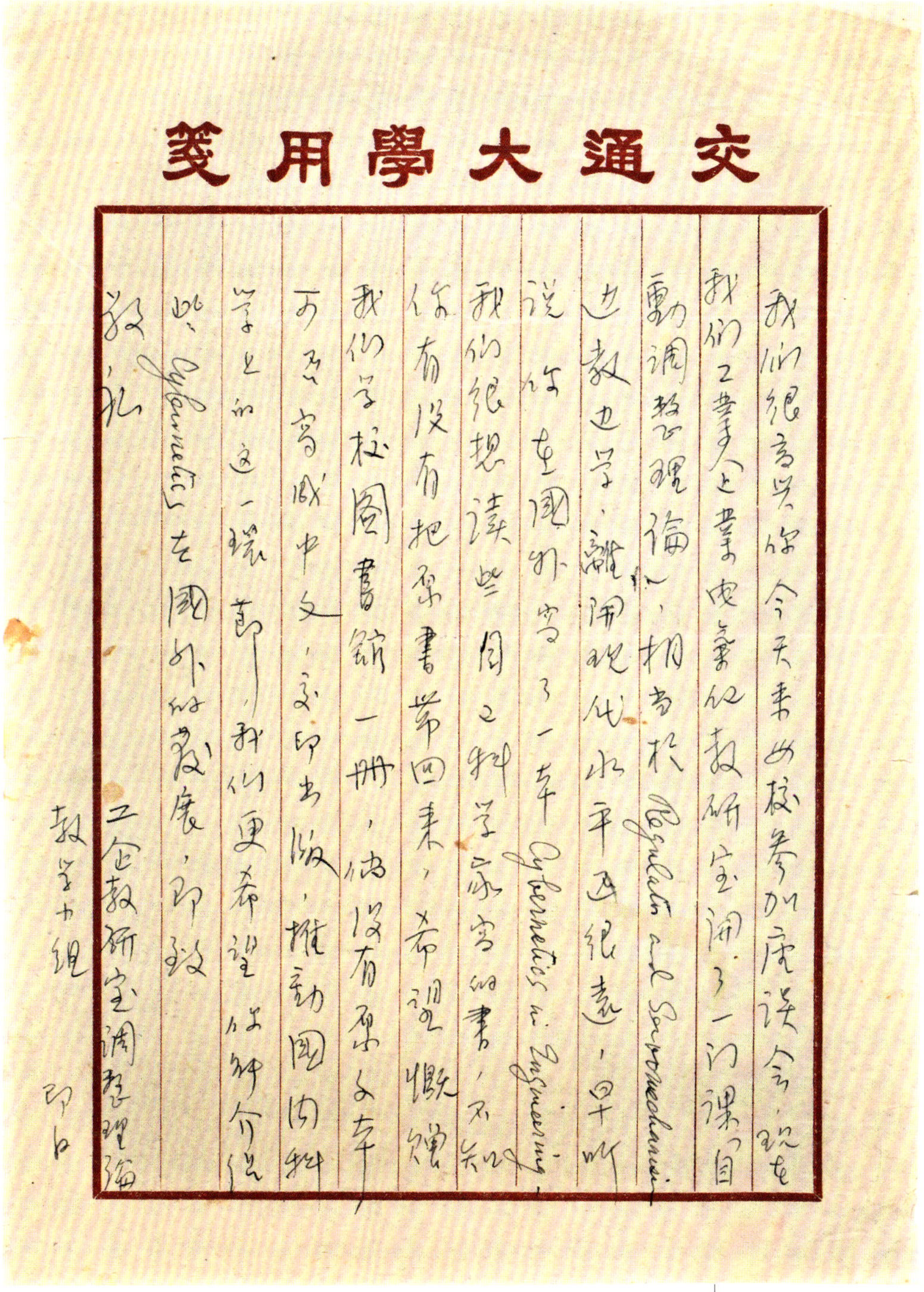

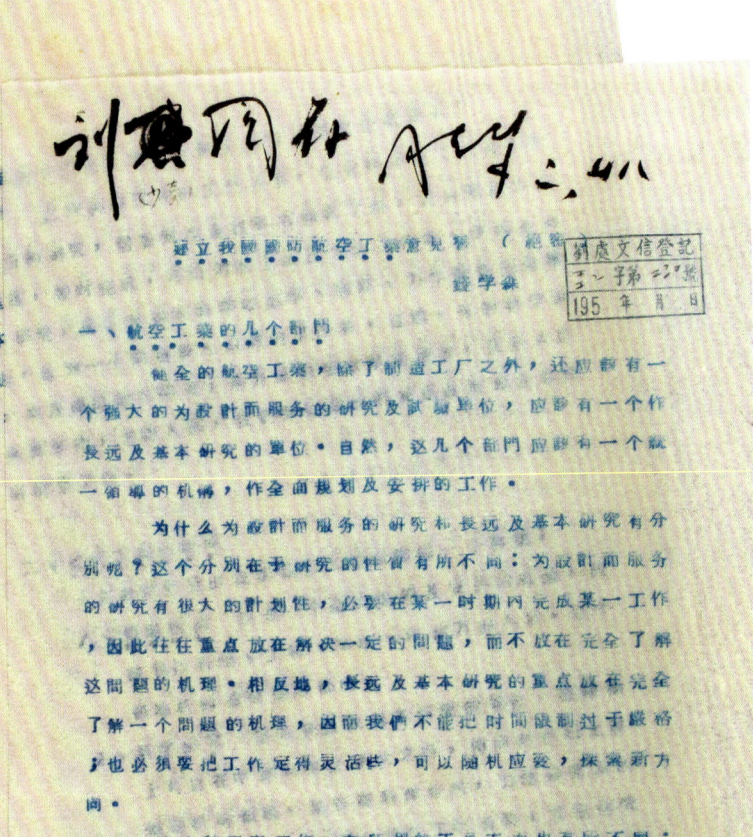

△ **钱学森撰写的《建立我国国防航空工业意见书》**

1956年
纸质 九张 珂罗版复制
纵26厘米 横19厘米

1955年10月28日，钱学森抵达北京。随后，他在国务院安排下在北京和东北考察新中国的科学研究和工业发展现状。此后，他又受到毛泽东、周恩来、叶剑英、陈毅、陈赓、彭德怀等党和国家领导人的接见。1956年2月17日，钱学森应周恩来总理要求撰写《建立我国国防航空工业意见书》。2月22日，周恩来将意见书递交毛泽东审阅。这份意见书为我国开展导弹研制工作奠定了基础。原件现存中央档案馆。

1956年加州理工学院为庆祝西奥多·冯·卡门75岁寿辰，组织编纂并出版 COLLECTED WORKS OF THEODORE VON KÁRMÁN。文集收入西奥多·冯·卡门1902年至1951年期间的学术论文111篇，其中与钱学森合作完成的论文是5篇。文集出版之际，加州理工学院文集编纂委员会还印刷预订单，并对文集的内容作了简单介绍。1956年4月14日，吴耀祖致函老师钱学森时，告之加州理工学院将出版 COLLECTED WORKS OF THEODORE VON KÁRMÁN，并附寄了一份预订单。

△ **钱学森藏书**
COLLECTED WORKS OF THEODORE VON KÁRMÁN

1956年
纸质 一套四册 精装
纵25厘米 横16.5厘米

中华人民共和国第五届全国人民代表大会第二次会议提案（三）

内部文件 注意保管

第五届全国人民代表大会第二次会议秘书处编印

一九七九年六月二十九日

第 863 号

案　由：建立人民意见和建议的档案系统与电子计算机检索网案
提案人：钱学森
理　由：华国锋总理的《政府工作报告》中讲："各级政府要坚决尊重群众，信任群众，依靠群众，从政治上和物质上保证人民群众拥有各种渠道和手段来行使管理国家的权利。要真正向各级人民代表大会负责，定期报告工作，认真听取人民代表的批评和建议。"这说明在我们各级政府部门中认真研究来自人民群众批评、建议的重要性。但现在来自人民群众的意见和建议一经归档，也就消失在档案中。例如一九七八年全国科学大会上，科学技术工作者提了那么多的建议，其作用如何？所以必须有一套办法，使每条人民的意见和建议都经过分类归档，建立档案系统，然后用电子计算机检索，使各政府部门在研究某一具体问题时，可以通过检索网的终端设备，在几分钟内查阅所有有关的意见和建议，吸取其中的好意见、好办法。
办　法：在现在正在研究建立的情报资料电子计算机检索网中，增加人民意见和建议的部分。由国务院指定专职单位办理。

—920—

△ **钱学森参加全国人代会的提案《建立人民意见和建议的档案系统与电子计算机检索网络》**

1979 年
纸质 一册
纵 26 厘米 横 18.7 厘米

钱学森在领导我国火箭和喷气技术研究工作过程中，特别注重情报资料和档案文献的重要性。随着计算机技术的发展，钱学森还研究了检索系统对情报资料、图书资料、文献和档案工作的作用，并于 1979 年发表题为《情报资料、图书、文献和档案工作的现代化及其影响》的文章。在是年召开的第五届全国人民代表大会第二次会议上，钱学森作为中国人民解放军代表提交了一份提案：《建立人民意见和建议的档案系统与电子计算机检索网络》。这份提案作为第 863 号，收入第五届全国人民代表大会第二次会议秘书处于 1979 年 6 月 29 日编印的《中华人民共和国第五届全国人民代表大会第二次会议提案（三）》，充分体现出钱学森的"大数据思维"。

《陈云文选》由中共中央文献编辑委员会编辑,人民出版社出版,共收入陈云1926年至1994年之间发表的主要文章190篇。钱学森收藏《陈云文选》背后,反映的是他对陈云"不唯上、不唯书、只唯实,交换、比较、反复"思想的认同和推崇。甚至钱学森指出,从定性到定量综合集成法就是运用知识工程及信息技术,实现陈云提出的"不唯上、不唯书、只唯实,交换、比较、反复"辩证思维。此外,钱学森还从《陈云文选》中获取很多有关经济方面的知识,成为他晚年研究政治经济学、金融学以及社会主义市场经济的重要思想来源。在某种意义上,《陈云文选》蕴含的辩证思维,与钱学森的求真创新精神具有共同内在联系。

▽ 钱学森藏书《陈云文选》

1984年至1986年
纸质 一套三册
纵20.8厘米 横15厘米

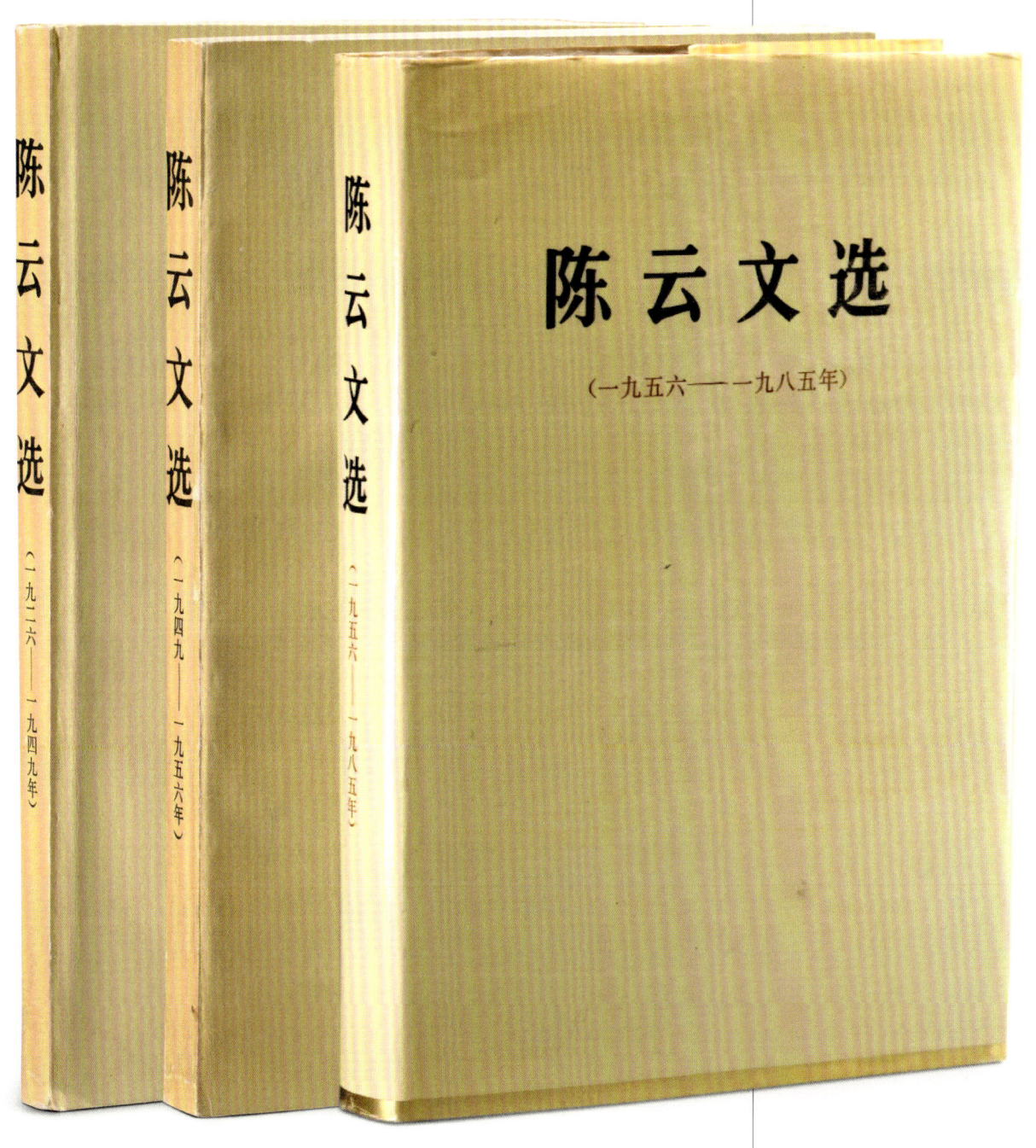

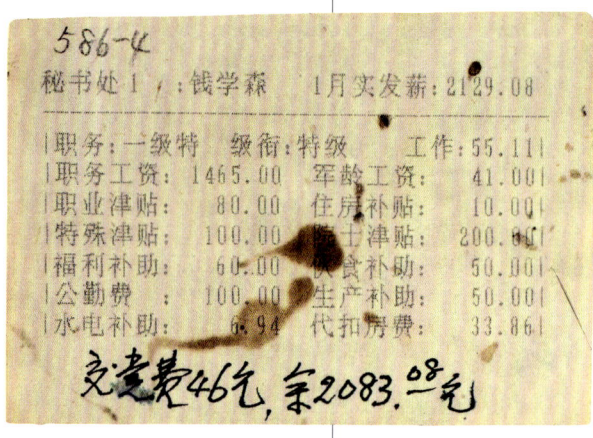
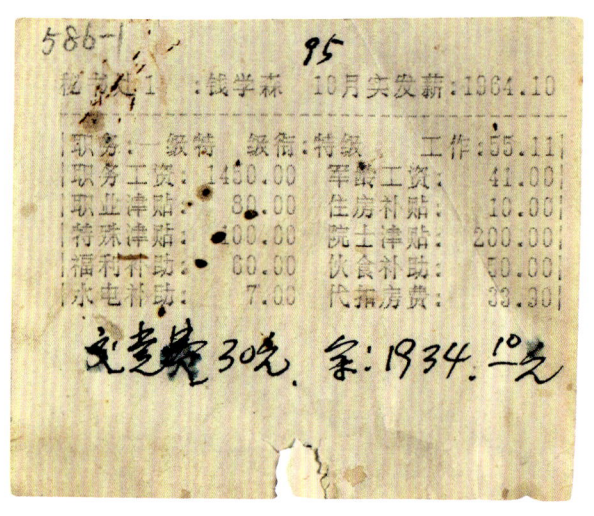
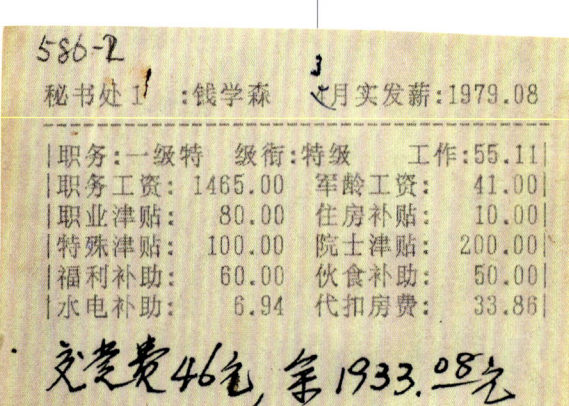

△ **钱学森晚年的工资单**

1995 年至 1996 年
纸质 四张
纵 6.7 厘米 横 8 厘米

这是钱学森于 1995 年至 1996 年留存的工资单。当时钱学森已经退休,比较真实地反映了他晚年的个人经济状况。工资单内容显示,钱学森的职务为"一级特"、级衔为"特级",工作时间自 1955 年 11 月始;工资主要包括三个部分,即职务工资、军龄工资和各类补贴。钱学森的工作单位属于军队编制,由于他的身份是科研单位的专业技术干部,因此属于文职干部。根据《中国人民解放军文职干部暂行条例》,专业技术军官的职务工资按照专业技术等级设置从 1—14 级共 14 个等级(1 级为最高)。同时,钱学森回国后担任中国科学院力学研究所所长一职,并被定为特级研究员。因此,钱学森的职务等级为一级特。文职干部不授军衔,称为级衔,分为 10 个等级,特级和 1—9 级,钱学森的级衔是最高的。

至于军龄,是从 1956 年 10 月 8 日钱学森担任国防部第五研究院院长算起,至 1996 年正好 41 年,根据规定,退休干部军龄工资全额发放,每年递增 1 元,军龄工资正好 41 元。因此,他的工资是参照部队退休干部的标准发放。补贴方面,因为钱学森是中国科学院院士和中国工程院院士且为国家做出突出贡献,享受每月 200 元的院士津贴和每月 100 元的政府特殊津贴。另外,根据 [1994] 财社字第 19 号、[1991] 中办发 11 号、[1992] 政老字 1 号等文件的相关规定,钱学森还在福利、伙食、住房以及水电等方面享受一定的补助或补贴。

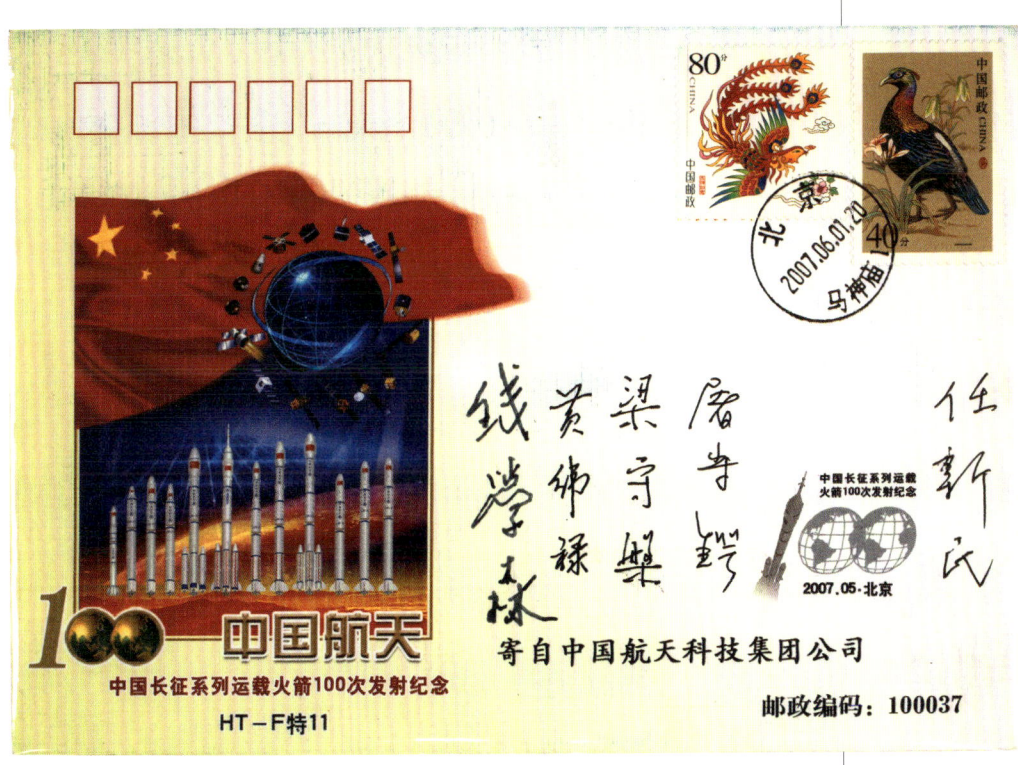

此纪念封寄自中国航天科技集团公司，有钱学森与任新民、屠守锷、黄纬禄、梁守槃的签名。任新民、屠守锷、黄纬禄和梁守槃常被称为"航天四老"，在航天事业初创时期分别担任国防部第五研究院一分院液体发动机设计部主任、一分院第二总体设计部主任、二分院第一设计部主任、一分院第一总体设计部主任。自1970年4月24日我国第一枚运载火箭长征一号首次发射成功第一颗人造卫星，至2007年5月长征三号甲运载火箭发射成功鑫诺三号通信卫星，我国成功研制12种不同类型的长征系列运载火箭，创造100次发射记录。为此，中国航天集邮协会印制特种纪念封一枚，以资纪念。

△ **钱学森、任新民、屠守锷、黄纬禄和梁守槃联合签名的信封**

2007年
纸质 一封
纵12.4厘米 横17.5厘米
陈大亚捐赠

一九四七年拜別後，求國見通信，此自報章期見到老兄生為人民服勞及努力的精神，感動佩服！學森數年前認識錯誤，以致被美拘留，今已五年。無一日一刻不思歸國偉大的建設高潮。此些異情勢上有更重要急的問題等待解決。學森等個人們的處境能用來訴苦的。學森這幾年中惟以此可能由努力思考學問，以備他日歸國之用。是現在報紙上說中美有交換被拘留人之可美方又說謂中國學生願回國者皆已被美們不免使急。我改討千萬不可信他們的話子森外，尚有多少同胞，欲歸不得者。以學

手稿类

文 物 有 话 说
钱学森图书馆藏品大系

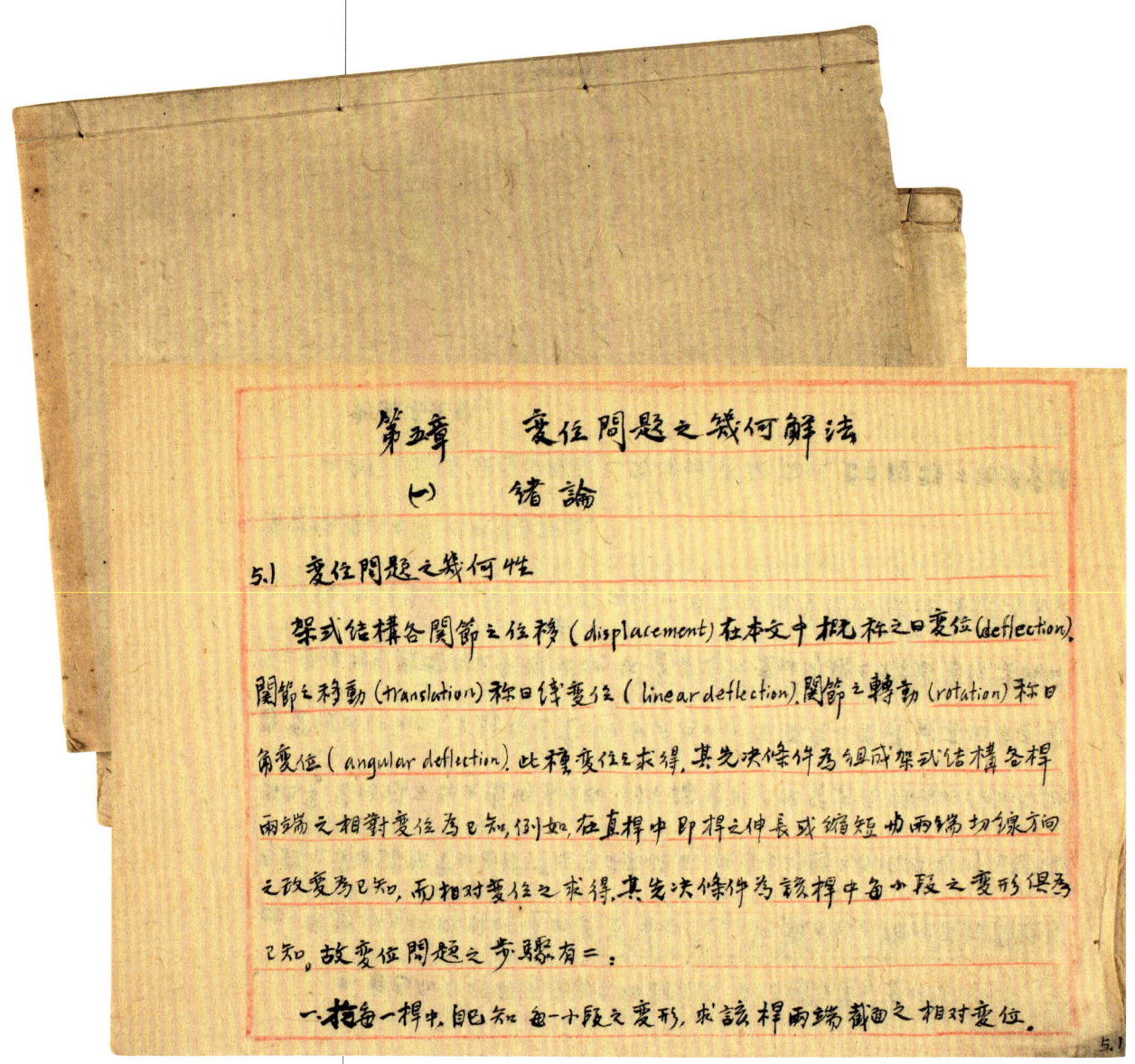

钱学森在交通大学的应用力学笔记

1932 年
纸质 两册
纵 17.3 厘米 横 23.7 厘米

这是钱学森在交通大学二年级读书之际的应用力学笔记。笔记本虽不全，但还是能从中一探钱学森大学时代的治学方法。这两册笔记的内容主要是用数学方法来解决物理方面的问题，反映的是钱学森突出的数学能力。不仅如此，两册笔记本中还蕴含着交通大学非常重要的一个教学理念：理论和实践相结合。钱学森曾说："在交大，非常感激两位把严密的科学理论与工程实际相结合起来的老师，一位是工程热力学教授陈石英，一位是电机工程教授钟兆琳。"正是这一理论和实践相结合的思想，也成为他后来提出技术科学思想的一个重要源头。1947 年暑期钱学森回国探亲，应邀回母校作"怎样研究工程科学和研究些什么？"的报告；这份报告的主旨就是论述技术科学思想的主要内涵，经机械系老师陈国祥整理后，发表在中国技术协会出版的 1947 年 12 月号《工程界》（第二卷第十二期）。可以说，这个报告是一个学生对母校的最好回馈。

范绪箕（1914—2015年），生于北京，祖籍江苏江宁。1935年从哈尔滨工业大学机械系毕业后前往美国加州理工学院留学，师从西奥多·冯·卡门攻读硕士和博士学位。1940年回国后创建浙江大学航空系并担任系主任，1949年中华人民共和国成立后历任华东航空学院和南京航空学院教授、副院长，1980年至1984年担任上海交通大学校长。此份三页手稿见证了钱学森和范绪箕之间的深厚友谊。1936年钱学森到加州理工学院攻读博士学位之际，曾和范绪箕租住在一栋公寓中。期间，钱学森偶尔也会"客串"范绪箕的导师，此份手稿即是钱学森为范绪箕一篇学术论文所写的演算稿。

▽ 钱学森为范绪箕论文写的演算稿

1936年至1939年
纸质 三张
纵28厘米 横21.5厘米
范绪箕捐赠

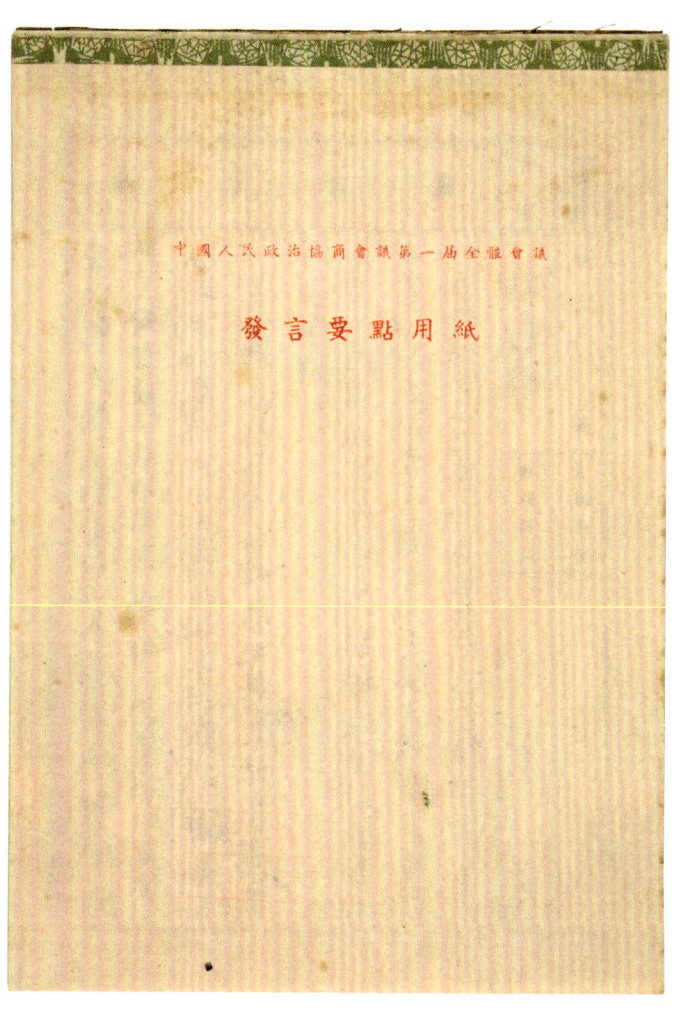

△ 林砺儒在第一届全国政协会议的发言提纲

1949 年
纸质 五张
纵 20.5 厘米 横 14.2 厘米
林砺儒之女林安娣捐赠

　　林砺儒（1889-1977年），著名教育家，祖籍广东信宜，著有《文化教育学》《伦理学纲要》《教育哲学》《教育危言》等。他早年就读广东高州高郡中学堂，1911年以公费生资格赴日留学并考入东京高等师范学校（日本筑波大学前身）专攻师范教育。1918年，他学成归国并任教于北京高等师范学校（北京师范大学前身），自1922年起兼任附属中学校长。即在此间，钱学森于1923年至1929年在附属中学度过六年中学时光，且接受过林砺儒教育。晚年钱学森曾说："林砺儒先生是我尊敬的老师，我也非常感激他自己和他主持的北京师范大学附属中学给我的教育。这是我一辈子忘不了的。"

　　中华人民共和国成立后，林砺儒先后担任中央人民政府教育部中等教育司司长、北京师范大学校长、教育部副部长等职。尤其是1949年9月林砺儒曾受到邀请参加中国人民政治协商会议第一届全体会议，见证了伟大的历史时刻。参加会议之际，他作为教育界人士代表于9月27日发言；在正式发言前，他草拟了四页发言提纲手稿，内容主要包含教育服务对象、教育工作对象、教育方法的理论与实际三部分，重点讨论新中国教育事业的发展方向。事实上，这次发言是林砺儒几十年教育实践经验的一次系统总结。

第 0三八 號　姓名 林礪儒

我們教育工作者代表对三個文件一致贊同，已經由首席代表報告了。現在我再補充說說我同意對於共同綱領第五章的理解和今後教育工作的重點。

第一點：今後我們的科學文藝及教育都要無保留地為新民主主義的政治經濟服務。過去有些人認為超政治的科學、藝術、超越政治的結局，只是有那種見解是錯誤的，也是虛偽的。

唇反動的政治勢力而不自覺，還像阿Q那種有勞偷所，今後必須睡諜乾解淨掉棄那種錯誤的見解。

第二點：今後教育工作必須以工農階級為主要的對象。依全國人口百分之八十以上的工農大眾是反帝國主義反對建主義和反官僚資本主義的主力軍，也是今後建設民族的科學大眾的新的文化的主力，可是他們向在反動政權壓迫之下，

久屬文化教育隔離，這個人民的國家人民的政府就要負責迅速補償他們的損失。綱領四十一條「提高人民文化水準」，在目前主要的該是指著工農大眾。至於培養國家建設人才，固然要造青年知識分子秘書記分子，也更要延請善些大地主階級出身的知識分子，要這樣才是真為大多數人民服務，才可以不再建築造一個民主的個人主義者。

第三點：綱領四十六條指明，教育方法是理論與實際一致。這是要我們去徹底改造舊的教育的錯誤階段。這對曾向各地主官僚所依獨佔使他們與交獨佔來在實際脫節。

今後要改變過來教育為工農大眾服務，要成為人民大眾進行革命鬥爭和建設新國家的工具。因此必須有兩點：教育必須和人民的革命鬥爭的需要結合起來，此必須再與國家的經濟政治的建設結合起來。

千言萬語歸結到一句話，教育工作，現要現實。

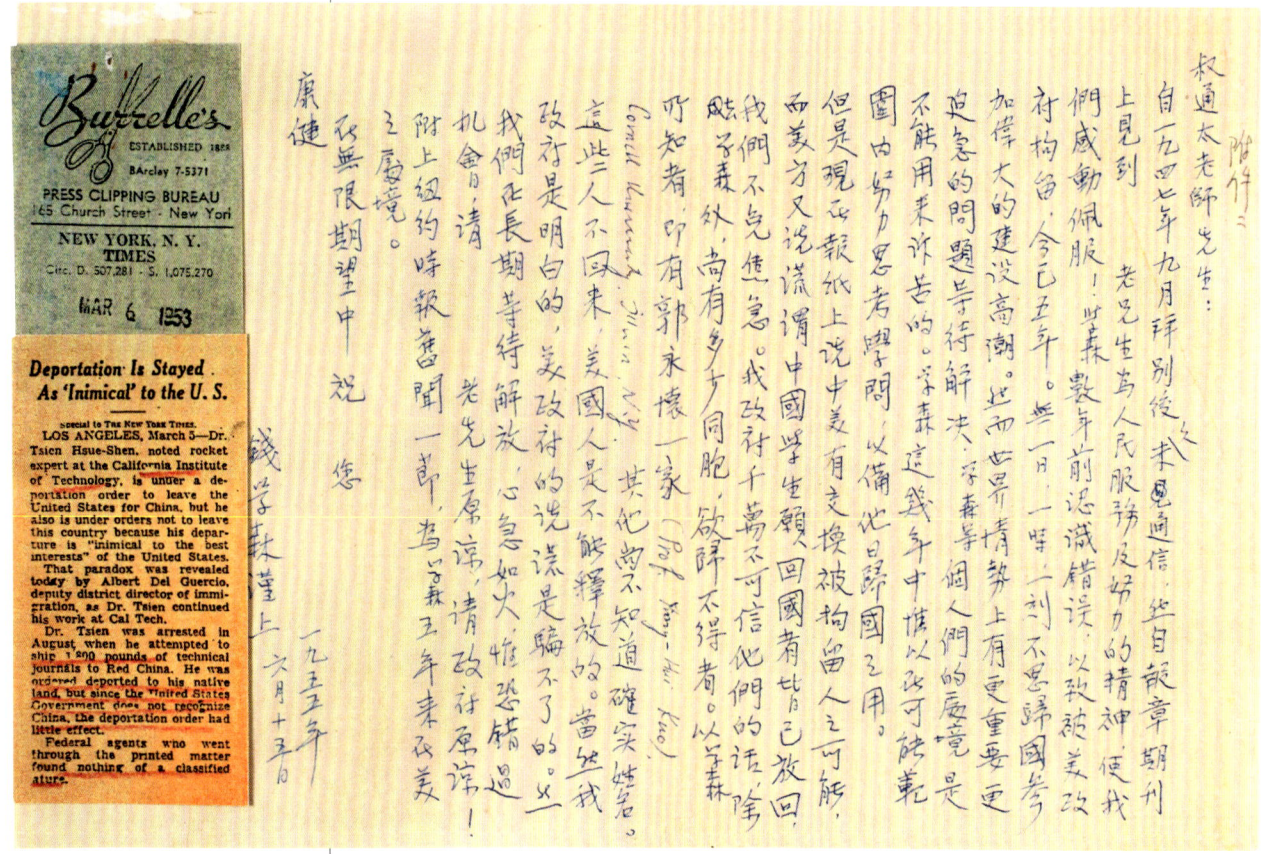

△ **钱学森致陈叔通的信件**

1955 年
珂罗版复制 一封
纵 18.6 厘米 横 27.4 厘米

　　1955 年 5 月间，钱学森在无意中看到一张中文画报，报道新中国庆祝五一劳动节的内容。他在这张画报上看到一个熟悉的名字——陈叔通。陈叔通是钱学森父亲钱均夫的老师，且交往颇深，其时为中央人民政府委员、全国人大常委会副委员长。1955 年 6 月 15 日，钱学森致函陈叔通，告之自己在美国的境况，并称"无一日、一时、一刻不思归国参加伟大的建设高潮"，还在信件上粘贴一张 1953 年的《纽约时报》剪报。这份剪报是关于美国阻止钱学森回国的报道。钱学森写好这封信后，没有直接寄到国内，因为他一直受到监视，很容易被发现，而是由蒋英先寄给身在比利时的四妹蒋华。蒋华收到后立即转寄给国内的钱均夫，又通过钱均夫寄给陈叔通。原件现存中华人民共和国外交部档案馆。

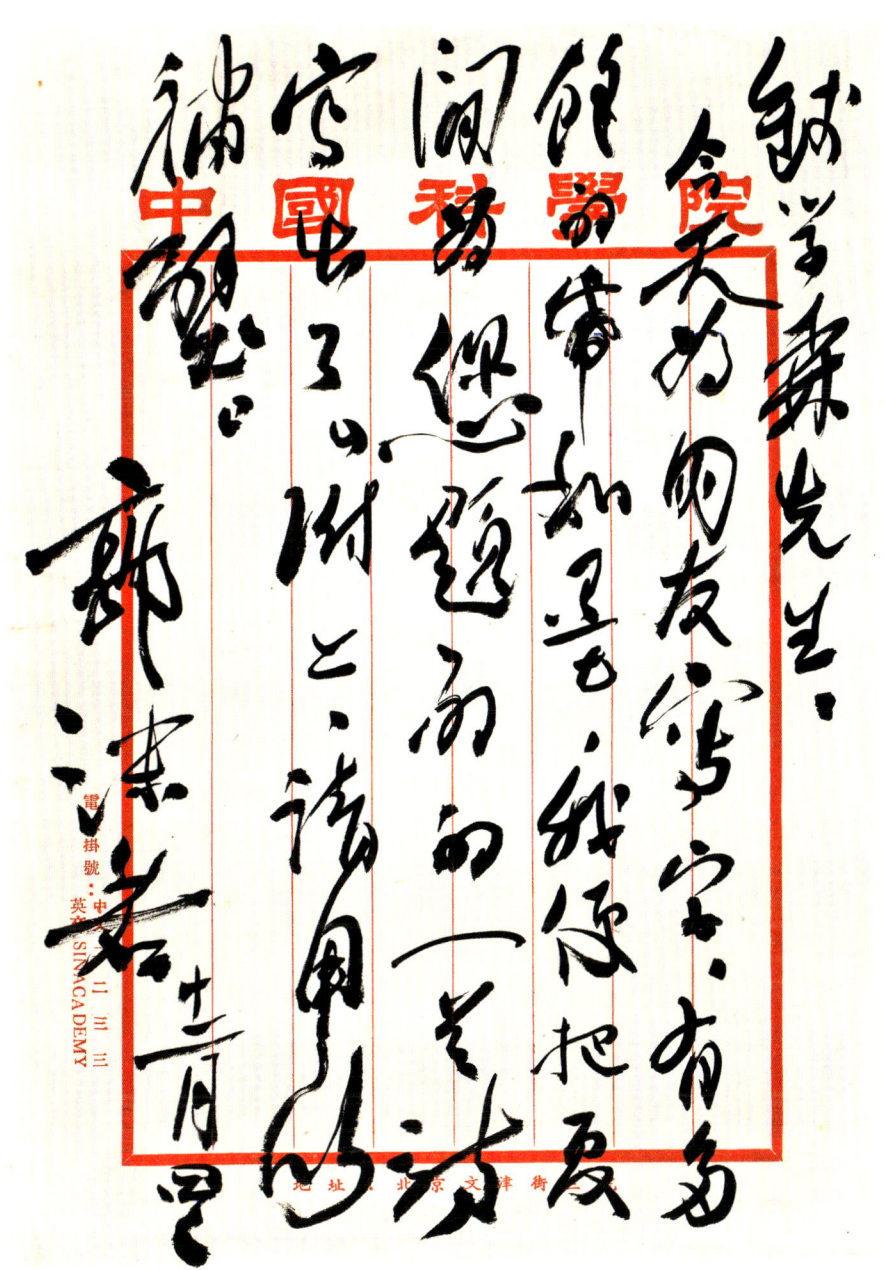

◁ 郭沫若致钱学森的信件

1956 年
纸质 一封
纵 26.5 厘米 横 19 厘米

1956年，钱学森参加了我国第一个科学规划《一九五六年——一九六七年科学技术发展远景规划纲要》的编制工作，即载入史册的"十二年科学规划"。钱学森在参与过程中，不仅主持编写了第37项任务《喷气和火箭技术的建立》，同时还提出了很多重要的科学技术方面的发展建议。规划会议结束之后，中国科学院院长郭沫若赋诗一首诗赠予钱学森："大火无心云外流，登楼几见月当头。太平洋上风涛险，西子湖中景色幽。突破藩篱归故国，参加规划献宏猷。从兹十二年间事，跨箭相期星际游。12月4日，郭沫若致信钱学森称："今天为朋友写字，有多余的纸和墨，我便把夏间为您题的一首诗写出了。附上，请用以补壁。"

钱学森致张沁文的信件

1979 年至 1987 年
纸质 三十九封
纵 26 厘米 横 19 厘米
张沁文捐赠

张沁文是农业问题研究专家，曾任职于山西省农村发展中心。20 世纪 70 年代末至 80 年代末，钱学森就农业发展问题与他保持书信往来近十年。其间，钱学森多次与其交流系统工程在社会主义大农业中的应用，并与之共同撰写《农业系统工程》。此外，钱学森还曾多次鼓励他在农业系统工程的建立与发展过程中多与"同道"中人交流讨论，"务必注意团结人，切忌孤军奋战"。

本书收录其中两封。

张沁文同志：

来信及来稿收读。

一、我对来稿认为是不错的，表达了我们讨论中的论点；这些论点虽然有些新颖，但我看是对的，至少直到今天还看不出是错的，好就提出来，让实践去验证吧。

二、名字改为"农业系统工程"简明些。

三、我坚持署名是你在先，我在后，说明问题是你最先提出，而我只是后来同意了而已。文稿也是你写的，我对稿子只作了删节，并未加添新意。一切均宗你的原稿。

四、现把文稿寄给你，希望你再仔细看看，现点有无不妥之处，此字准不准？要改就改在稿子上，不要再找人抄了。该于月底前再送给我，我再看看，最后我这里打印，比较方便。

此致
敬礼！

（附上王寿云同志和我的第一讲讲稿请提意见。）

钱学森
1980.4.7

沁文同志：

电视广播稿打印好，我又改了几个字，就作为暂定稿吧。寄上一份，请审阅。

你的名字还是放在前面，也就是以姓氏笔划为序。

当然还有以下理由：

1. 发明创造权主要在你，这在前次已谈过。

2. 我对我国现在流行于科学技术界的"光头子辈"颇为反感！用这个机会表示一下，也是抗议这一不合理的东西。

3. 你我年龄论，你应居第一线，而我还有别的事，不能当农业系统工程的主力军。我希望你迅速前进！前次面谈，要你学外文，学运筹学，也是此意。当然，我将尽力相助，另抄寄上我收集的一些报刊，供你参阅，也是此意。

我希望前订的1998年指标，提前达到！此致
敬礼！

钱学森
1980.5.8

又：务必注意团结人，切忌孤军奋战！

钱学森致胡孚琛的信件

1982 年至 1998 年
纸质 四十四封
纵 26 厘米 横 19 厘米
胡孚琛捐赠

胡孚琛，1945 年生，河北吴桥人。1969 年毕业于南开大学化学系，1982 年获中山大学哲学硕士学位，1988 年获中国社会科学院哲学博士学位。1982 年至 1998 年，钱学森与胡孚琛进行学术通信近十六年，讨论的内容包括道学、道家文化、中国传统文化、马克思主义哲学等。尤其胡孚琛攻读博士学位之际，钱学森多次鼓励他："干事情贵在集中，您现在要集中当好研究生，论文一定要好好写"。与此同时，钱学森也经常建议他"做学问一定要有马克思主义哲学的指导"。胡孚琛博士毕业后，长期从事道教、道家文化以及中国传统文化研究，后任中国社会科学院哲学研究所研究员、博士生导师，并于 1993 年起享受政府特殊津贴待遇。著有或主编《魏晋神仙道教——抱朴子内篇研究》《道教通论——兼论道家学说》《中华道教大辞典》等著作。

本书收录其中两封。

钱学森致陈彬、刘有光的信件

1983 年
纸质 两封
纵 26 厘米 横 18.9 厘米
吴中秋捐赠

2019 年 5 月 21 日，钱学森原秘书吴中秋将工作期间积累的珍贵钱学森手稿资料和照片资料捐赠给钱学森图书馆。其中，有两封钱学森的"请辞"信件。20 世纪 80 年代，钱学森退出国防科研一线的领导职务后，将主要研究精力放在关系国计民生的社会主义现代化事业当中。1983 年 5 月底，钱学森致信国防科委主任陈彬和政委刘有光，恳切请求辞去国务院学位委员会委员和学科评议组的工作。刘有光在信中批示："应该同意学森同志的意见，可否同他再商议一下只辞一职，保留一职（学位委员会），最终还是以他的意见为主。" 6 月 2 日，陈彬也作了赞成刘有光意见的批示。钱学森收到两位领导意见的当天，非常感谢领导的关怀，并再次致信对方恳请辞去两个职务。

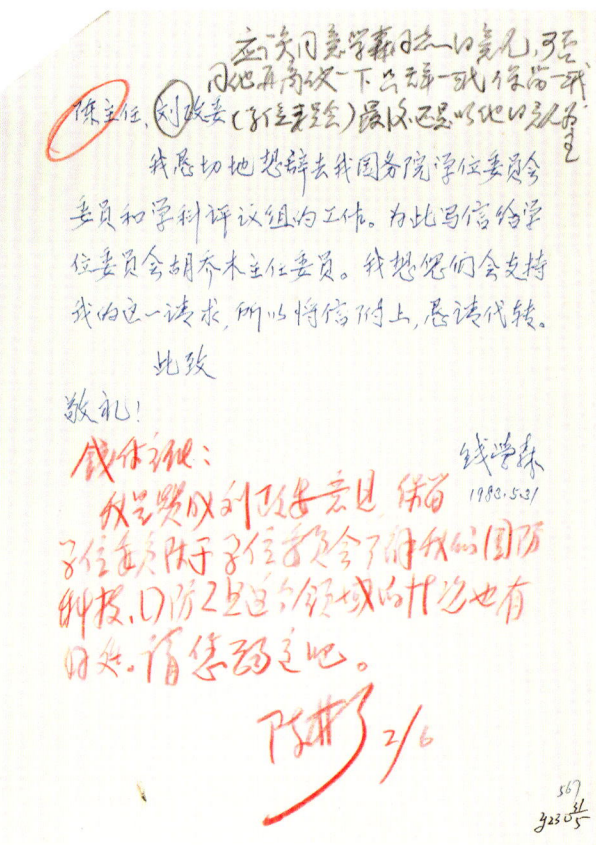

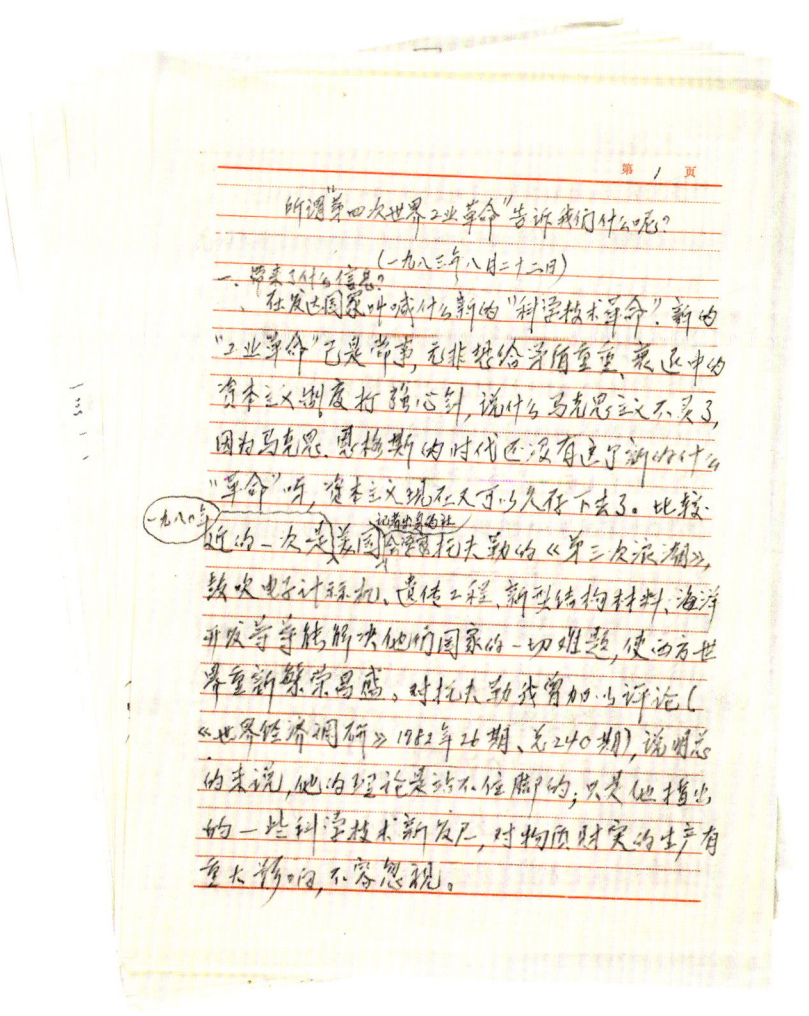

20世纪80年代,美国记者出身的阿尔文·托夫勒在他的著作《第三次浪潮》中提出,电子计算机、遗传工程、新型结构材料、海洋开发等能解决他们国家的一切难题,使西方世界重新繁荣昌盛。钱学森认为,托夫勒的理论从总体上说是站不住脚的,但是他指出的一些科学技术新发展,对物质财富的生产有重大影响,不容忽视。三年之后,再次有美国学者发文谈电子计算机、遗传工程、新材料、能源等,认为美国教育界将面临一场由"第四次世界工业革命"带来的挑战。对于"第四次世界工业革命",钱学森认为这一提法是不准确的,这是强行把十八世纪末十九世纪初的产业革命划分为两次工业革命。

作为回应,钱学森提出,智力和知识的重要性是值得我们进一步探讨的,这才是所谓"第四次世界工业革命"带给我们的有用信息。1983年8月22日,钱学森在一份文稿中分析了"第四次世界工业革命"告诉我们什么?文稿包含四个部分:第一,带来了什么信息;第二,智力和知识是生产力?第三,我们该怎么办?第四,要有长远规划。文中介绍美国针对如何提高教育质量几条引人注目的意见,并根据国情详细分析了国内的教育问题。最后,钱学森指出,"第四次世界工业革命"带来的信息,要做的事不止教育一个方面,还有科学技术,文学艺术,图书、刊物、情报,信息建设等问题。

△ 钱学森的"所谓'第四次世界工业革命'告诉我们什么呢?"文稿

1983年
纸质 九张
纵 34.3 厘米 横 22.7 厘米

510050

广东省广州市黄华路6号广州师院附中

徐章英老师顾力兵老师：

您二位7月30日及《探索思维奥秘》书都收到，我十分感谢！

二位到广州这个领先开放的地方工作，必多收获。但现在京九铁路已建成，即将通车，江西面貌必将迅速改观，二位回到江西还是大有可为的。

现在国家已经决定要从应试教育改向素质教育，全国已有不少先行的学校；我想广州师范附中也一定是个先行单位。我从报刊上见到上海市也有两所好学校：市西中学要实行"人格与学力"教育；浦东建平中学则用"必修课、选修课、休闲课、微型课、隐性课"教学生"先学会做人，后学会做学问"。所以我相信二位虽退休，但还是大有可为的！

现在全世界即将进入信息网络，将来人的工作一刻也离不开电子计算机，是人脑与计算机结合，优势互补，达到"大成智慧"的人。我相信这会在21世纪中叶出现；我们现在就要作好准备呵！现在的中学生会看到这一天的！

以上说二位以为如何？请教。

此致

敬礼！

钱学森
1996.8.13

△ **钱学森致徐章英、顾力兵的信件**

1984年至1998年
纸质 九封
纵26厘米 横19厘米
徐章英、顾力兵捐赠

510050

广东省广州市黄华路6号广州师院附中
徐章英老师顾力兵老师：

您8月11日信及尊著《智力工程概论》目录都收到。我前日回二位信想您们也见到了。

您二位问我可否用我的旧文《关于教育科学的基础理论》为尊作的代序？我对此无不同意见，由二位定吧。

我向您们祝贺《智力工程概论》出版！

此致

敬礼！

钱学森
1996.8.18

20世纪80年代初期，长期在江西南昌从事教学研究工作的徐章英和顾力兵受钱学森工程控制论思想启发，将"控制—反馈"模式运用于智力问题的研究，并于1983年首次在国内提出"智力工程"概念；随后通过书信告诉钱学森，提出这个概念的来龙去脉并得到钱学森复信认同。此后十余年间，钱学森与他们一直通过书信方式保持学术交流，并向他们提供一些可以用于研究的资料。1986年3月5日，中央人民广播电台新闻联播节目报道"徐章英夫妇在国内首次提出智力工程概念"，《中国科技报》《中国教育报》《中国青年报》等报章杂志均作过专访或报道。1991年，"智力工程"被列为国家自然科学基金资助项目。在此研究基础之上，徐章英和顾力兵先后著有《论智力工程》《智力工程概念》等学术专著。

本书收录其中两封。

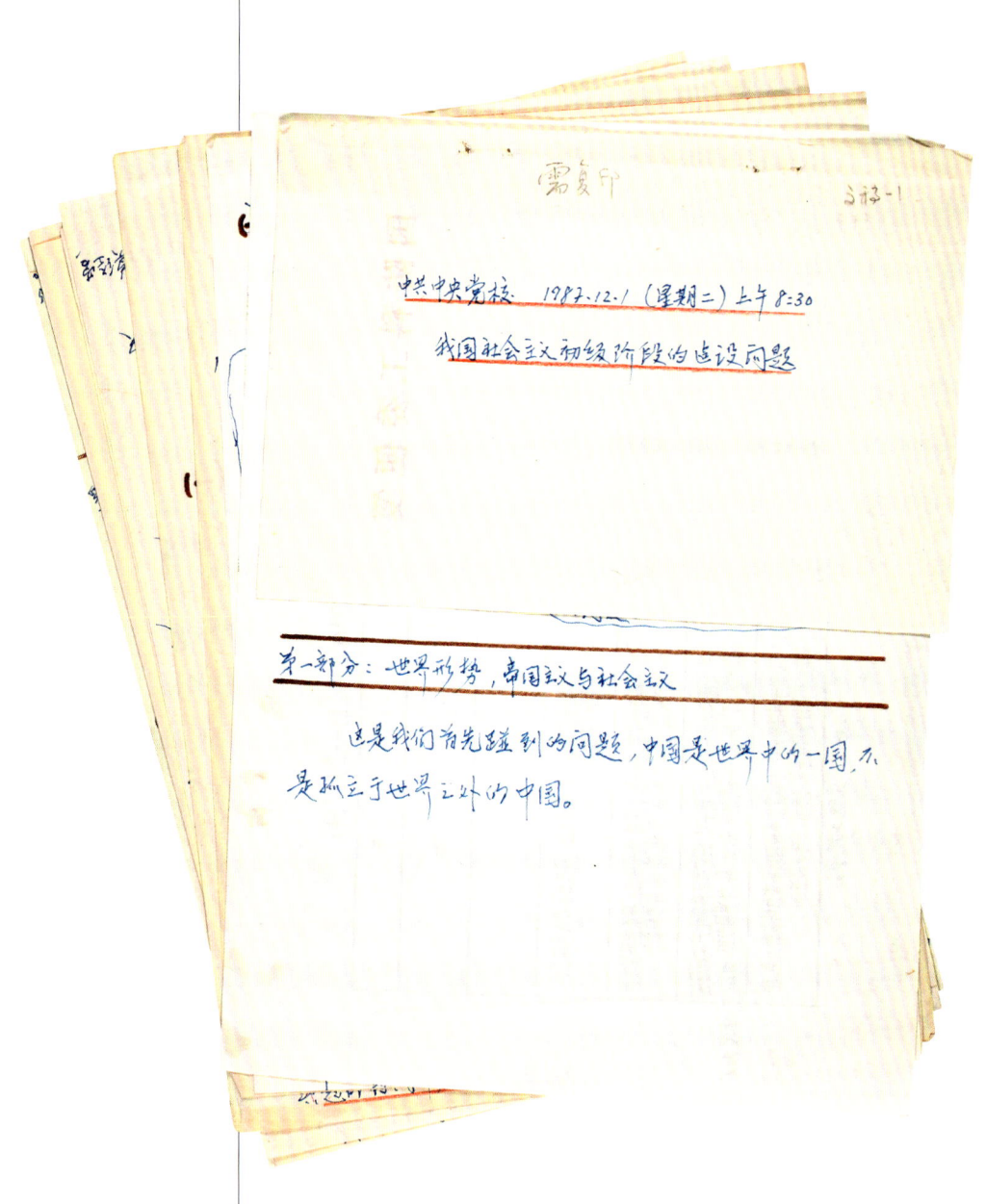

△ 钱学森在中央党校作"我国社会主义初级阶段的建设问题"的报告提纲

1987年
纸质 十一张
纵26.6厘米 横19.4厘米

　　1987年12月1日，钱学森应邀在中央党校作"我国社会主义初级阶段的建设问题"的报告。钱学森在报告前草拟了一份多达11页的提纲，以廓清所要讲的内容。报告主要讲了四个方面的内容：第一，世界形式，帝国主义与社会主义。钱学森特别提出，这是我们首先碰到的问题，中国是世界中的一国，不是孤立于世界之外的中国。研究现代帝国主义应该实事求是，按照实际情况去考虑，而不是死抠书本。第二，我国社会主义建设要有宏观、长期的考虑。①农业问题。②林业问题、环境问题。③能源问题、电力问题。④三废、废旧物资利用问题、草业问题、海业问题等产业问题。第三，劳动者素质的提高与人才的培养。这是社会主义物质文明建设和社会主义精神文明建设的重要措施，也是新的产业革命所要求的。①我国教育事业是有成功经验的。②对青少年要有文化教育，不只是培养所谓能力。③科技发展战略的人才。第四，中共中央党校是培养战略人才的场所。

同志们：正如1940年我们党提出"新民主主义论"，论证了在我国的具体国情和国际环境下，资本主义社会这个阶段是可以越过的，从而引来了我国现代历史上的第一次飞跃。十三大我们党提出了"社会主义初级阶段论"，论证中在我国有一个漫长的以发展生产力为核心的百年社会主义初级阶段，这标志着我国历史上的第二次飞跃。

今天我想说说在社会主义初级阶段的建设问题，请同志们批评指教。 或者说我想说说下一步究竟走哪步的问题。

第一部分：世界形势，帝国主义与社会主义

这是我们首先碰到的问题，中国是世界中的一国，不是孤立于世界之外的中国。

▷ 钱学森的读报批注札记六则

1987年至1993年
纸质 六张
皆粘贴于A4纸

制作剪报是钱学森在美国形成的一种治学方法，通过剪报收集为他所用的材料。钱学森晚年仍坚持阅读报纸，例如《人民日报》《光明日报》《解放军报》《科技日报》《经济参考报》《北京日报》《参考消息》等，且将感兴趣的新闻报道制作成剪报收藏。钱学森晚年制作和收集的剪报涉及领域非常广泛，包括政治、经济、科技、思想、文化、体育、艺术等。这些数量众多的剪报也反映了钱学森晚年学术兴趣的转移，同时他在不少剪报上的阅读札记也反映了他对某个问题的看法和认识。例如，在《给旅游热提个醒儿》的札记中写道："应该用灵境技术筑构专馆，专为幻境游"，而这个想法便是当下的线上博物馆概念。又如，他在《张艺谋答记者问》的札记中写道："就是为什么人，是为社会主义吗？为人民吗？"虽然钱学森在札记中打了问号，然而答案在钱学森看来却是无疑的，即任何文艺目的就在于服务人民。

《经济参考报》1992.11.23, 2   剪报-30

给旅游热提个醒儿

本报实习生 张富刚

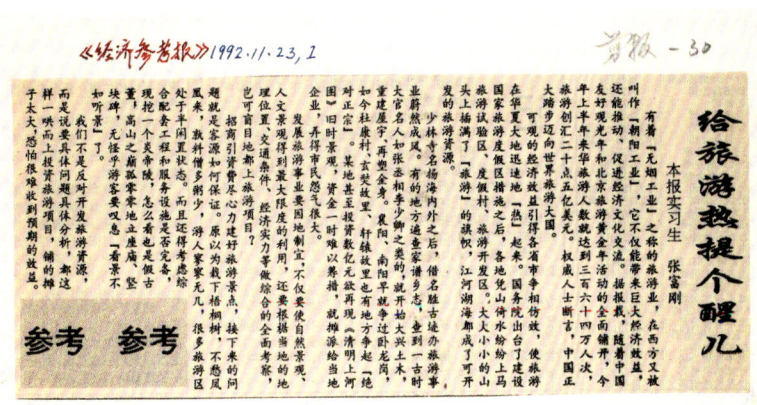

1. 规造"古迹"是作假，是对中国文化的破坏！应禁止！
2. 对现存文物应保护，精心修缮。
3. 注意环境建设，使古意盎然。
4. 所以国务院将来可以设：旅游建设、环境建设部。
5. 应该用尖端技术给博物馆，专有的境像。

《科技日报》1993.5.23, 2

中国如平均11万人有一座博物馆，应有博物馆1万座，每座年经费200万元，国家拍博物馆花200亿元/年。

《人民日报》1990.10.12, 5   剪报-4

体育——经济之良友

大侠

亚运会的启示

奥运会			亚运会		
年	届次	地点	年	届次	地点
1932	10	(中国未参加)	1950	1	
1936	11	(柏林)	1954	2	
			1958	3	
1948	12	"	1962	4	
1952	13	"	1966	5	
1956	14		1970	6	
1960	15		1974	7	
1964	16		1978	8	
1968	17		1982	9	
1972	18		1986	10	汉城
1976	19		1990	11	北京
1980	20		1994	12	广岛
1984	21	洛杉矶			
1988	22	汉城			
1992	23	巴塞罗那			
1996	24	(亚特兰大)			
2000	25				

这就是精神文明与物质文明的相互作用。

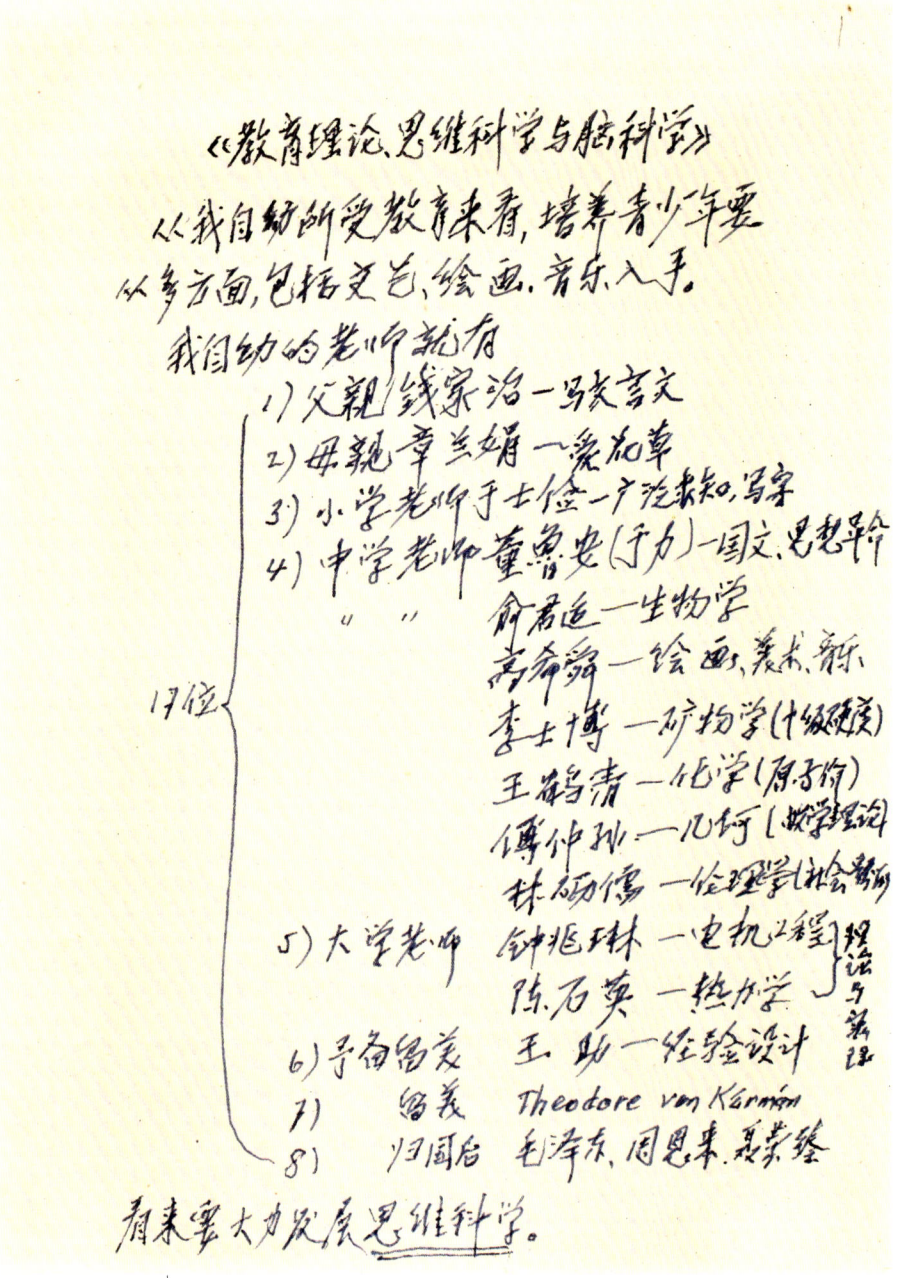

△ 钱学森的"教育理论、思维科学与脑科学"文稿

1988年至1989年
纸质 一张
纵26厘米 横18.6厘米

钱学森晚年在研究教育理论、思维科学与脑科学过程中,结合自身接受教育的情况曾提出"培养青少年要从多方面,包括文艺、绘画、音乐入手"。与此同时,他还在这份文稿中总结了对他产生深刻影响的17位老师。这17位老师分别是:钱家治、章兰娟、于士俭、董鲁安(于力)、俞君适、高希舜、李士博、王鹤清、傅仲(种)孙、林砺儒、钟兆琳、陈石英、王助、冯·卡门、毛泽东、周恩来、聂荣臻。不难看出,这17位老师分布在钱学森人生的各个阶段。通过回顾自己的经历,钱学森在文稿末尾总结到:看来要大力发展思维科学。事实上,这份文稿还蕴含着后来"钱学森之问"所关注的核心问题,即人才培养。

钱学森致刘恕、田裕钊的信件

1989 年 1992 年
纸质 二十一封
纵 26 厘米 横 19 厘米
刘恕、田裕钊捐赠

2012 年 12 月 11 日，钱学森图书馆在开馆一周年之际，邀请相关专家、学者举办"全国钱学森纪念地"研究宣传工作研讨会。在会议上，受邀参加研讨会的刘恕和田裕钊向钱学森图书馆捐赠了 21 封钱学森书信原件。

刘恕，中国生物多样性保护与绿色发展基金会名誉理事长，中国生物多样性保护与绿色发展基金会促进沙产业发展专项基金负责人，曾任甘肃省副省长、中国科协副主席。

田裕钊，著名荒漠植物生态与荒漠化治理研究专家，曾任中国科学院自然资源考察委员会副主任。因沙产业发展等问题，刘恕、田裕钊与钱学森保持十几年的书信往来，讨论地理科学、第六次产业革命理论、沙产业等学术问题。

本书收录其中两封。

刘恕书记：

您10月2日信、牛文元的信和书，以及新疆开发的八本书，《世界资源》都收到。您信中说的我实在不敢当，千万不要那样对待我；我是经常搞错事的，我们是平等共事，互相帮助。

我有一个小建议：请您把多年来为"沙业"奋斗的体会写成一篇建设社会主义中国沙业的论文。此事只有您能搞，您既有理论又有经验；而我只是叫一声而已。这是社会主义建设的一件大事，让沙漠为我们服务！附上剪报，眼光小！

另外关于地理科学请先读我给浦汉昕同志信及他的信及文章，下星期再约谈。

此致
敬礼！

钱学森
1989.10.12

（李洪山同志是我1星期工作5天后，礼拜六时误工起草，此名称是我已取消，我有时间。请补订正。）

中国科学技术协会书记处
刘恕同志：

来信及附转郭普同志信、文稿都收到。我祝贺您受聘为全国治沙暨沙业学会名誉理事长！

两件事：

(一) 郭普同志要我把他的文章送甘肃省委研究室或甘肃省科协，希望他们关怀支持、指导扶持，但我想由您办此事为宜，您毕竟是甘肃省副省长。现又是学会名誉理事长。郭普同志文附上。

(二) 巴巴耶夫院士亲笔签我的那篇文字，我当然同意。您和裕钊同志若把此文译成俄文，那也是为中国和土库曼斯坦国之友谊作出贡献，是件好事！

将关和我对两位的关怀，表示感谢！此致
敬礼！

钱学森
1992.1.17

241000

安徽省芜湖市安徽师范大学生物系

周嘉槐教授：

11月2日信及尊作《植物生理学通向新农业的途径（纲要）》都收到，十分感谢！

我在全国政协的那次发言能引起您的注意和重视，令我深受鼓舞！但我究竟不是此道行家，能说的也就那几句，所以您要我为《植物生理学通讯》再写什么是困难的，不能瞎说啊。还是先听听专家们的意见为好。希望能收到此刊以便学习。

请恕我未能遵命！此致

敬礼！

钱学森
1992.11.16

△ **钱学森致周嘉槐的信件**

1992年至1996年
纸质 二十四封
纵26厘米 横19厘米
周音、周树捐赠

周嘉槐，安徽芜湖人，安徽师范大学生物系教授，中国著名植物生理学家，长期致力于应用植物生理学研究。1982年他倡议并论证建立"应用植物生理学"分支新学科的可行性，且获得学术界认可。1955年10月13日，钱学森归国访问上海植物生理研究所时，曾与在该所工作的周嘉槐有"一面之缘"。20世纪90年代，周嘉槐与钱学森建立学术通信，并保持往来十余年，通信内容主要围绕第六次产业革命、植物生理学、农业以及农产业等主题。当时，钱学森正在思考和研究第六次产业革命问题，在与周嘉槐通信过程中交换观点和切磋学问，因而留下24封珍贵的学术通信。后由周嘉槐长女周音、次女周树等家属将书信捐赠给钱学森图书馆。

本书收录其中两封。

241000
安徽省芜湖市安徽师大生物系
周嘉槐教授：

您10月28日信及文稿《传统农业与植物生理学》均收到。

我想我国农业面临的大问题是用现代市场经济及现代科学技术改造传统农业，也是坚持社会主义产业的"两个转变"。我认为这实际是农业产业化，即我国的第六次产业革命。此意当否？请赐教！

奉上湖南省杨忠烈同志的一个报告，请阅。

1997年即将到来，我向 您恭贺
新年！并致
敬礼！

钱学森
1996.12.22

> 紫禁城东西两侧要建小公园
>
> 钱学森
>
> 我从前在旧北京景过15年，1955年回来后，在北京也已38年了。在这前后53年中，到中山公园北面筒子河旁的树荫下坐登紫禁城，看城上建筑，看那构建别致的城上角楼，真有说不尽的滋味。
>
> 由此感受我想到一件可以不但把古都风貌夺回来，而且可以增添古都风貌的事：在建设部、南河沿街道西侧，从中山公园西北角起，把现有的民房拆去；再在南池子、北池子街道西侧，从劳动人民文化宫西北角起，也把有的民房拆去。在空出来的地段，多种花卉、青树，形成人民公园。北面筒子河北岸、景山前街南侧也多种些高大长青树。这样紫禁城爱四面都浸在公园中，朝阳夕照，风貌胜过旧时了！
>
> 见《北京日报》1993.12.3，1版

△ 钱学森的"紫禁城东西两侧要建小公园"底稿

1993 年
纸质 一张
纵 24.8 厘米 横 19 厘米

《北京日报》曾于 1993 年 11 月开辟"把古都风貌夺回来"专栏，展开群众性讨论活动。钱学森写了"紫禁城东西两侧要建小公园"的文章，并留下珍贵的文章底稿。这份底稿共有十几处修改手迹，反映出一个科学家的严谨态度。此时钱学森已经在北京生活 53 年，出于对北京的热爱和基于对山水城市思想的研究，他提出"可以不但把古都风貌夺回来，而且可以增添古都风貌的事"；而且还建议：部分街道"把现有的民房拆去""在空出来的地段，多种花卉""北面岗子河北岸、景山前街南侧也移植些高大长（常）青树"。他在底稿结尾感怀地写道："这样紫禁城四面都浸在公园中，朝阳夕照，风貌一定胜过旧时了！"

钱学森的建议涉及了紫禁城周围的民房改造、建设公园、提高街边绿化率等措施，实际上体现了钱学森山水城市的思想和对新时代中国建筑文化的思考。这份文章底稿饱含了他对祖国的热爱，也寄托着他让广大人民群众过上幸福生活的愿望。正如 1955 年钱学森回国登上克利夫兰总统号时说过的话："今后我将竭尽努力，和中国人民一道建设自己的国家，使我的同胞能过上有尊严的幸福生活！"

钱学森致鲁润宝的信件

1994 年至 1998 年
纸质 十封
纵 26 厘米 横 19 厘米
闫永勤捐赠

1965 年，鲁润宝从吉林大学理论物理专业毕业后，被分配到中国工程物理研究院，长期从事核物理研究工作。从 1990 年开始，他对"冷聚变"问题进行探索研究，并于 1994 年提出"电子—离子束缚态及其引发和过程"（又称"束缚态模型"）。这个模型的提出引起钱学森关注，因此与鲁润宝建立书信往来，并保存了四袋与鲁润宝讨论"冷聚变"问题的剪报资料。其间，钱学森先后给鲁润宝写过十封书信，对其给予鼓励和建议。后由鲁润宝妻子闫永勤捐赠给钱学森图书馆。

本书收录其中两封。

鲁润宝同志：

您8月26日信收到。

因信的内容重要，故我已将它转陈光亚同志。学术的民主讨论问题必须在我国解决。

谨告。

此致 敬礼！

钱学森
1998.8.28

100088

本市 北京应用物理与计算数学研究所
鲁润宝同志：

您5月1日、15日两次来信及所附论文都收到，我十分感谢！

我曾对陈能宽同志讲了我的看法：即您提出实验中出现的是"奇异水"，那您就应该解释：是什么物理环境，是什么巨系统，使它出现成为可能。为什么平常又不出现"奇异水"。这就是我说的特异功能：在特定环境下出现的异常现象。

不知陈能宽同志告诉您我的这个想法没有？

此致
敬礼！

钱学森
1994.5.20

照片类

文 物 有 话 说
钱 学 森 图 书 馆 藏 品 大 系

◁ 钱学森与父亲钱均夫的合影

1912 年
相片 一张
纵 13.4 厘米 横 9.3 厘米

▽ 钱学森与母亲章兰娟的合影

1914 年
相片 一张
纵 13.7 厘米 横 9.4 厘米

　　这是钱学森人生中最早的两张照片。一张是与父亲钱均夫的合影，拍摄于 1912 年。另一张是与母亲章兰娟的合影，拍摄于 1914 年。这两张老照片背后均有钱均夫留下的手迹。由此可知，照片得以留存非常难得。1934 年钱均夫因妻子章兰娟去世而抑郁成疾，患上严重胃病后辞去公职休养于杭州家中。1937 年日本发动全面侵华战争之后，杭州也被空袭，钱均夫离开杭州前往上海避难；因离开匆忙，他未能及时带走家中物品。后来，钱均夫返回杭州时发现房屋已被日军投下的燃烧弹焚毁，但所幸在废墟中找到这两张照片。因此，这两张照片显得十分珍贵。

◁ 蒋英在上海家中留影

1930 年代
相片 一张
纵 8.7 厘米 横 6 厘米

此照为蒋英留欧前在上海国富门路家中的留影，摄于 20 世纪 30 年代。

▽ 美国国防部陆军航空兵科学咨询团成员在德国的留影

1945 年
相片 一张
纵 16 厘米 横 21 厘米

此照为钱学森作为美国国防部陆军航空兵科学咨询团成员前往德国考察之际，与咨询团成员的合影，右四为钱学森。

△ 钱学森与蒋英婚礼现场照

1947 年
相片 一张
纵 9.6 厘米 横 12 厘米

　　1947 年 9 月 17 日，钱学森和蒋英在上海沙逊大厦八楼的华懋饭店（今和平饭店）的北京餐厅举行婚礼，并请上海光艺照相馆（Bann's Studio）为他们拍摄结婚照及婚礼现场照。光艺照相馆创建于 1927 年，号称"上海唯一之艺术照相馆"。照相馆主人彭望轼曾留日学习摄影多年，拍摄结婚照是照相馆的一大特色。胡适、徐志摩、刘海粟、唐瑛、陆小曼、张蕊英等名人都曾在该馆拍过照片。

◁ **钱学森在上海龙华机场的留影**

1947 年
相片 一张
纵 17.7 厘米 横 12.6 厘米

1947 年 9 月 17 日，钱学森与蒋英在上海举办结婚典礼之后不久，钱学森便先行返回美国。9 月 27 日，钱学森从上海龙华机场乘飞机返美，蒋英和王助等人前往机场送行。此照为钱学森在登机前的留影。

▷ 钱学森与蒋英在美国以色佳的留影

1949 年
相片 一张
纵 10 厘米 横 10 厘米

———

1949 年夏，钱学森接受时任康奈尔大学航空工程研究生院院长的师兄兼好友西尔斯（*W. R. Sears*）的邀请，到康奈尔大学做报告，顺便探望在那里工作的好友郭永怀和李佩夫妇。报告结束后，郭永怀夫妇陪同钱学森、蒋英参观以色佳小镇上的几处景点。这是当时郭永怀为他们拍摄的相片。

▷ 钱学森与儿子钱永刚在美国家中庭院的合影

1949 年
相片 一张
纵 11 厘米 横 8.5 厘米

———

1948 年 10 月 13 日，钱学森与蒋英的儿子钱永刚在美国波士顿出生。钱学森虽忙于工作，但闲暇时陪伴儿子的成长。这是蒋英用相机记录下父子相处的温馨时刻。

1948年，古根海姆基金会决定分别在加州理工学院和普林斯顿大学两所学校设立喷气推进研究中心，而两个中心都想聘请钱学森担任主任。几经权衡，钱学森选择接受加州理工学院的聘任，于1949年重回帕萨迪纳。此为钱学森与同事们的合影。

△ **钱学森和同事在加州理工学院的留影**

1949年
相片 一张
纵10.3厘米 横12.7厘米

▷ 钱学森回国时在洛杉矶港口登船前的留影

1955 年
相片 一张
纵 9 厘米 横 11.9 厘米

1955 年 9 月 17 日，钱学森和家人在洛杉矶码头登上"克利夫兰总统号"邮轮前往香港。这是钱学森在码头登船前的留影。

▷ 钱学森与家人在"克利夫兰总统号"邮轮上的合影底片

1955 年
底片 一张
纵 8.5 厘米 横 6 厘米

1955 年钱学森一家在乘坐的"克利夫兰总统号"邮轮上，请邮轮上的照相馆拍摄的全家福。因此，底片上有"克利夫兰总统号"邮轮的英文落款。

◁ 新华通讯社新闻摄影部拍摄的钱学森半身肖像照

1956 年
相片 一张
纵 11.9 厘米 横 9.1 厘米

———

这张半身免冠照由新华通讯社新闻摄影部人像摄影室为钱学森拍摄的，时间为 1956 年，用于新闻报道宣传。此为钱学森留存的。

◁ 钱学森在中国科学院力学研究所办公室的工作照

1956 年
相片 一张
纵 9.4 厘米 横 9.3 厘米

———

1956 年，钱学森担任中国科学院力学研究所所长。此为当时在他的办公室拍摄的工作照。

△ 钱学森与蒋英在航天大院的合影

1973 年
相片 一张
纵 10 厘米 横 7.8 厘米

———

此照为钱学森与夫人蒋英于1973年在航天大院的合影。当时的钱学森主要精力忙于航天科技事业,不能与家人时常相聚。所以,此张合影非常少见,非常珍贵。

1987年3月,中国科学技术协会接受联邦德国和英国的邀请,赴两国进行访问交流。钱学森时任中国科协主席,带团出访。访问间隙,钱学森在对方的安排下,来到慕尼黑附近的黑山风景区科赫尔湖参观并留影。

△ **钱学森在联邦德国科赫尔湖的留影**

1987年
相片 一张
纵 8.8 厘米 横 12.3 厘米

实物类

文 物 有 话 说
钱学森图书馆藏品大系

▷ 钱均夫使用的香港产
　怀表

镀金　一件
纵 3.8 厘米　横 2.7 厘米
厚 1.4 厘米

▷ 钱均夫使用的印章

石　一枚
纵 5.5 厘米　横 2.7 厘米
厚 1 厘米

◁ 章兰娟使用的瑞士产怀表

镀银 一件
纵 5 厘米 横 4.2 厘米
厚 1.3 厘米

钱学森回忆父母对他的影响，用两个词来概括，分别是"写文言文"和"爱花草"。"写文言文"是指父亲对他的影响。文言文是我国古人思想智慧的结晶，是我国传统文化的集中荟萃。钱均夫让钱学森学习写文言文，其用意显而易见：一方面，是让钱学森了解中国传统文化。另一方面，是为了提高他的文学素养、语言能力和美学修养。虽然钱学森一直深耕于理、工领域，但他在写文章以及给他人写信时，经常引经据典、出口成章。这些文学素养得益于儿时父亲对他的引导和培养。母亲章兰娟喜欢花草。钱学森从小耳濡目染，跟随母亲认识了多种花草、了解了很多花卉养殖的知识，既增长了见闻，又培养了对美的鉴赏能力。受母亲影响，钱学森也很喜欢花草。在美国居住时，他与蒋英特地购买园艺方面的书籍打理住处的小花园。钱学森最喜欢的花是兰花。兰花与"梅、竹、菊"并列，合称"四君子"，其花语包含"淡泊、高雅、美好、高洁、贤德"。钱学森儿时父母对他的悉心培养使得他具有较高的文学素养和形象思维能力。因此，钱学森晚年将研究拓展到多学科领域时更加触类旁通。

▷ 蒋百里的学生贺其51寿辰赠送的酒器

1932年
镀铜 一件
长47厘米 宽29厘米
高29厘米

蒋百里（1882—1938），浙江海宁人，我国近代军事理论家，以高超的军事造诣誉满海内外。曾担任保定陆军军官学校校长，培养的学生毕业后很多成为高级将领，被称为"保定系"。蒋百里51寿辰时，他的学生张襄、龚浩、刘兴、周斓、晏勋甫、叶南帆、程一中、李拯中、周武彝、王亚特、赵墨农联名请人铸造了这件酒器作为礼物赠送给他。

▷ 蒋左梅使用的三五牌座钟

复合材料 一件
长32.6厘米 宽16厘米
高28厘米

蒋左梅（1890—1978），原名佐藤屋子，生于日本北海道，1914年与蒋百里结婚后改名为蒋左梅。婚后，她一直照顾蒋百里的身体并辅助他工作。20世纪60年代起，蒋左梅因年迈随钱学森和蒋英居住。此为她日常使用的座钟。

◁ 钱学森使用的德国产 *Rolleiflex* 照相机

复合材料 一件
长 9.5 厘米 宽 14 厘米
高 9.5 厘米

▷ 钱学森使用的德国产 *Welta Weltini* 照相机

复合材料 一件
长 13 厘米 宽 11 厘米
高 4 厘米

◁ 钱学森使用的幻灯机

金属 一件
长 29.5 厘米 宽 9 厘米
高 13 厘米

▷ 钱学森使用的投影幕布

铁质 一件
长 40 厘米 宽 70 厘米

钱学森从大学时代起，就特别爱好摄影。留美期间，钱学森经常为同学拍照，偶尔也会自拍。据钱学森好友范绪箕回忆："在加州理工学院读书期间，我们一起去公园时他帮我们拍照，回来在房子里自己冲洗照片。"婚后，钱学森就成为家庭摄影师，经常抓拍家庭生活、旅行中点滴，捕捉生活中的乐趣，为生活增添色彩。不仅如此，他还经常将照片制作成幻灯片，与家人一起欣赏。

▷ 钱学森使用的史密斯牌便携式机械打字机

金属材料 一件
长 33 厘米 宽 33 厘米
高 14 厘米

钱学森不仅勤于思考、善于创新，而且笔耕不辍，著述等身。右图的史密斯牌（*Smith-Corona*）便携式机械打字机，就是钱学森购买用于写作论文的。不仅如此，钱学森在加州理工学院任教期间都会认真备课，讲课前会将讲稿打印出来。

▽ Babee Tenda 婴儿安全椅

木质 一件
折叠长 63 厘米 宽 63 厘米
厚 9 厘米

Babee Tenda 是美国一家专门生产婴儿安全椅的厂商，于 1937 年创立、2018 年关闭。据考，此婴儿安全椅是钱永刚和钱永真幼时所用。

△ 印有英文字母"H·S·T·"的公文包

皮质 一件
长 40 厘米 宽 32 厘米
厚 5 厘米

钱学森在美国参加一次学术会议时，会议组织方为每一位与会者制作了一件皮质公文包。公文包上用烫金印的"H.S.T."三个字母，是钱学森英文名字"Hsue-shen Tsien"的缩写。钱学森回国后仍旧使用这个公文包，中间还多次缝补过；直到 20 世纪 80 年代，因为公文包已经无法再修补方才不再使用。

◁ 钱学森、蒋英夫妇回国时用的牛皮拎箱

上：皮革 一件
长 67 厘米 宽 35 厘米
厚 18 厘米

下：皮革 一件
长 62 厘米 宽 27.5 厘米
厚 27.5 厘米

△ 钱学森回国时的行李牌

英文
纸质 一张
纵 6 厘米 横 12 厘米

上面箱子上的两行大写英文"P.L.TSIANG""Y.J.TSIANG"实为蒋百里、蒋英的英文名。两个箱子原为蒋英随父蒋百里访欧时所用，后由蒋英一直使用并带去美国。1955 年钱学森、蒋英一家回国时用来装载行李，成为他们冲破美国桎梏返回祖国的重要见证物。

△ 钱学森使用过的蒲扇

竹编 七把
尺寸最宽 36.5 厘米
最长 30.5 厘米

钱学森生活简朴，自从搬到航天大院后就一直居住于此，直至去世。家中房间只有过简单的装修。在没有空调的日子里，钱学森用这些扇子降暑。

◁ 钱学森留美时期穿过的灰色西装

羊毛料 一套
上衣尺寸长75厘米 肩宽50厘米 裤长110厘米
顾吉环捐赠

此为钱学森留美期间穿过的西服套装，1990年代赠予其秘书顾吉环，后由顾吉环捐给钱学森图书馆。

鴛鴦譜

知足居主書

艺术类

文 物 有 话 说
钱学森图书馆藏品大系

▷ 钱学森设计的交通大学1934级毕业级徽

1934年
纸质 一册
纵 27.2厘米 横 19.5厘米

钱学森是交通大学1934级刊委员会编辑组美术组成员，根据分工负责级徽设计。这个级徽最后印在级刊的封面上。从图片上看，整个级徽的颜色以白、篮、黄、粉色为主，以大块蓝色为背景色，线条为辅，设计风格简约。1934级毕业55周年时，钱学森设计的级徽再次出现在纪念级刊上。钱学森还亲自解密级徽中出现的"NYU"的涵义，是代表"南洋学院"。原来钱学森在设计时，将1926年交通大学正式发布的第一版校徽中的部分元素融入进去。该版校徽上面是篆体的学校名称"南洋大学"，下面是学校的英文名称"*NANYANG UNIVERSITY*"。校徽中间是"铁砧、铁锤，砧上置中西书籍若干册"，代表交通大学虽然是工科学校，但工读并重。钱学森吸收了该版校徽的英文校名元素，但简化成英文缩写"NYU"；另外，他将"铁砧和砧上的书籍"简化后，融入级徽中。其实，1930年代交通大学还颁布了新一版的校徽，由校名和校训组成。但由于校训变更，使用时间并不长。这也许是钱学森使用第一版校徽的原因。级徽中还有英文单词"CLASS"和阿拉伯数字"1934"，即代表1934级。"NYU"、"CLASS"、"1934"依次叠压，看似剪影。除此以外，钱学森还配上了两个抽象的图案，看起来既像钥匙，又像机械使用的工具，其含义引人思考。

1941年春,钱学森父亲的好友姜丹书创作一幅以故乡杭州西湖为内容的国画,并寄给远在美国的钱学森。钱学森收到这幅国画后甚是喜欢并珍藏一生,晚年还专门把此画找出来,放在自己卧室的床头。而从画作上作者姜丹书的款识和落款也颇能体会钱学森当时思念家乡和祖国的心情。

姜丹书(1895—1962),籍贯江苏溧阳,字敬庐。1907年毕业于江苏溧阳县高等小学堂,1910年毕业于两江优级师范学堂"图画手工科",期间于1908年到日本和朝鲜半岛游学、采风。1911年至1952年,先后在浙江两级师范学堂、上海美术专门学校、国立西湖艺术学院、上海新华艺专、中国纺织染专科学校、无锡华东艺专等学校从事美术教育,培养的学生包括丰子恺、潘天寿、郑午昌、赵丹、来楚生等。著有《美术史》《美术史参考》《透视学》《劳作法》《艺用解剖学》。

△ **姜丹书创作的国画"西湖一角"**

宣纸 1941年 一幅
纵35.5厘米 横71.3厘米

▷ 钱学森和蒋英的婚书 鸳鸯谱

宣纸 1947年 一册、函套
纵 32.5 厘米 横 107.5 厘米

1947 年 9 月 17 日，钱学森与蒋英在上海举行婚礼。钱学森父亲钱均夫请孙智敏主书鸳鸯谱，两侧还有民国著名画家陈汉第和陈吴善荫夫妇的配图：夏清图和彩凤霞冠。

孙智敏（1881 年—？），字廑才，号知足居，浙江杭州人。光绪二十九年（1903 年）进士，入翰林。曾经担任浙江高等学堂及两级师范学堂监督，擅长楷书。孙智敏是钱均夫的挚友，同时也是钱学森儿时的书法启蒙老师。

陈汉第（1874—1949 年），字仲恕，号伏庐，浙江杭州人。辛亥革命后历任总统府秘书、国务院秘书长、清史馆编纂以及杭州求是书院的监督。晚年寓居上海，专攻书画，尤擅画竹。钱均夫在求是书院读书时，陈汉第是他的老师。陈吴善荫是陈汉第的妻子，也是民国时期海派女书画家代表。

维中华民国三十六年九月十有七日杭州市钱学森与海宁县蒋英在上海沙逊大厦举行婚礼懿欤事庆此良辰合二姓之好本是苔岑结契百世之宗长承诗礼传家之训鲲鹏琴瑟调绣双声都齐眉举案卿卿之紫翰花陌上携手登绥缓之车开径堂前齐眉举案夫嘉礼结红丝为既重以冰言合卺迺成之盟虫飞同梦盈门字鸳鲽成行申白首之光片石三生前固共证云尔百两内则之光片石三生前固共证云尔

▷ 钱学森收藏的黑胶唱片《起来》

1941 年
黑胶唱片 一张
长 30.5 厘米 宽 26 厘米
厚 1.5 厘米

在钱学森收藏的唱片中有一张非常珍贵的英文唱片。这是1941年黑人歌唱家保罗·罗伯逊（Paul Robeson）演唱并灌录的中国民歌和抗战歌曲集。说起这张唱片的诞生，不得不提我国著名的指挥家刘良模。1940年夏，刘良模因受到国民党迫害，去到美国。在那里，他继续宣传中国人民的抗日斗争，并把国内广泛流传的抗战歌曲唱给华侨和美国人听。他还组织纽约唐人街的爱国华侨成立青年合唱团，演唱抗战歌曲。后来经朋友介绍，刘良模认识了保罗·罗伯逊，便把中国的歌曲都唱给他听。保罗最喜欢的是聂耳的《义勇军进行曲》，并很快学会用中文演唱。听了中国人民的抗战经历，他表示非常同情。从那以后，保罗经常在自己的音乐会上演唱这首歌。后来，刘良模组织华侨青年合唱团邀请保罗一起录制了这套中国抗战歌曲和中国民歌歌曲的唱片，并取名《起来：新中国之歌》（Chee lai: Songs of New China）。这是历史上第一张由外国人演唱的中文歌曲专辑唱片。宋庆龄还亲自为这张唱片作序。这张唱片出售所得均用于支援国内抗战。钱学森购买了这张唱片，并一直收藏保存至今。由此可见，虽然身在美国，但他一直关心着国内时局，并通过自己的方式为抗战尽一份力。

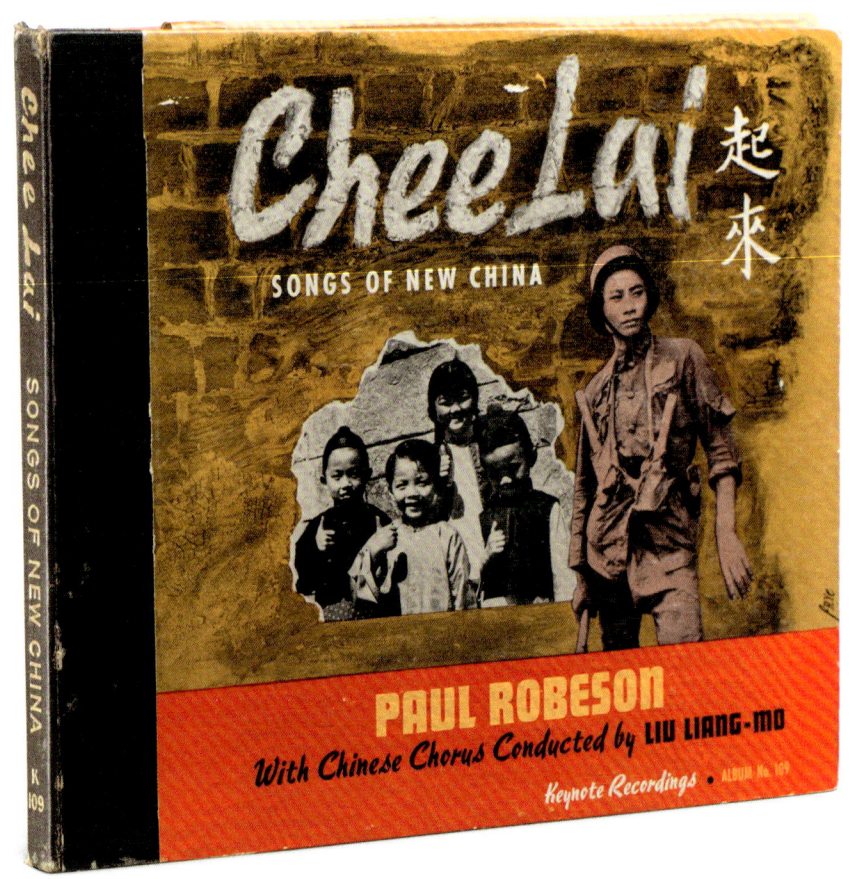

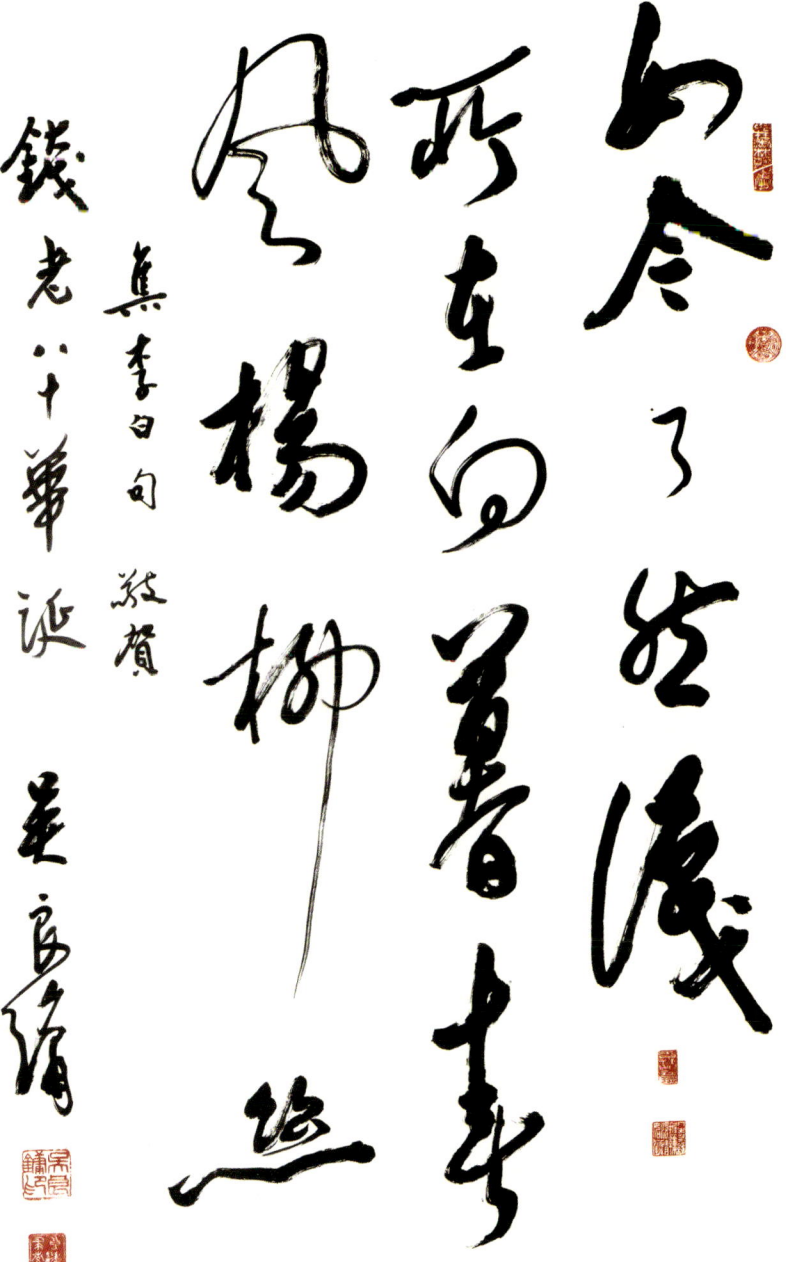

◁ **吴良镛贺钱学森80寿辰赠的书法**

1991年
宣纸 一幅
纵187厘米 横75厘米

1991年,在钱学森80岁寿辰之际,吴良镛赠送此书法作品表示祝贺。书法内容为:如今了然识所在,向暮春风杨柳丝,出自唐代李白的《下途归石门旧居》。

吴良镛(1922-),江苏南京人,著名建筑学家,中国科学院院士,中国工程院院士,清华大学教授,城乡规划学家和教育家,人居环境科学的创建者。钱学森晚年常就山水城市问题与他进行书信交流。

◁ **孙凯飞贺钱学森 85 寿辰赠的"秋鹤火箭图"**

1996 年
宣纸 一幅
纵 175 厘米 横 56 厘米

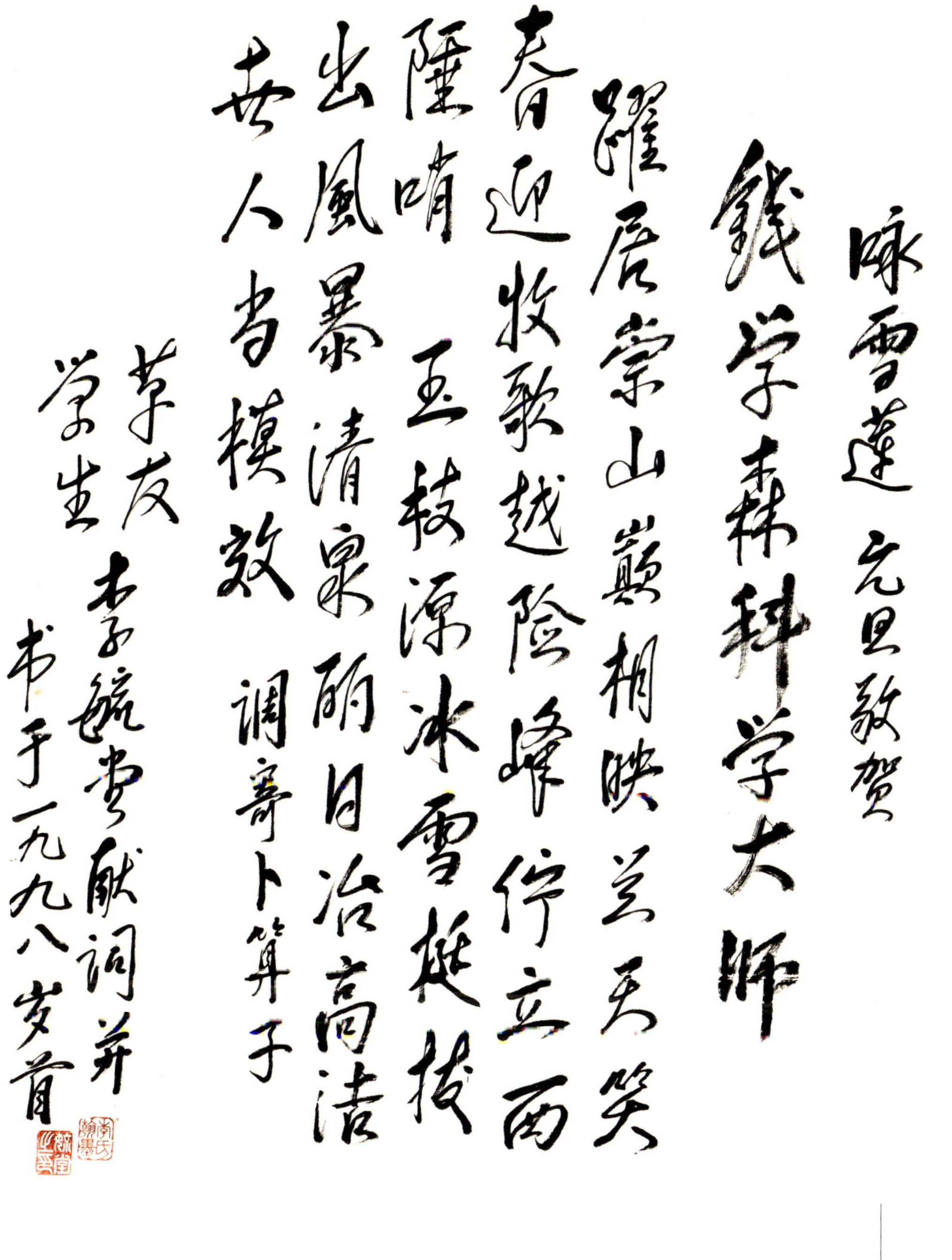

咏雪莲 元旦敬贺

钱学森科学大师

耀居崇山巅相映兰天笑
春迎牧歌越险峰伫立两
陆啃玉枝源冰雪挺拔
出风暴清泉朗日冶高洁
岳人当模效 调寄卜算子

学友
学生 李毓堂献词并
书于一九九八岁首

▷ 李毓堂贺钱学森87寿辰赠的书法"咏雪莲"

1998年
宣纸 一幅
纵187厘米 横75厘米

▷ 张克思贺钱学森 88 寿辰赠的书法"寿"字

1999 年
宣纸 一幅
纵 205 厘米 横 79.5 厘米

◁ 蔡祥麟与李宗坤、王佩亨、马永生同贺钱学森90寿辰赠的手书对联

2001年
宣纸 一幅
纵132厘米 横33厘米

▷ 庄寿红创作的国画 "仙寿图"

2001 年
宣纸 一幅
纵 209 厘米 横 88 厘米

钱学森晚年倡导和关心沙草产业的发展。曾经担任中国科协副主席的刘恕等经常通过书信及会议等形式向钱学森汇报沙产业的进展。2001 年，刘恕等在北京组织召开沙产业研讨会，以沙产业的成果来祝贺钱学森九十寿辰。钱学森因身体原因未能参加，特委托蒋英参会。此画为沙产业专项基金管委会委托画家庄寿红创作的。蒋英在会上代钱学森接受赠画。

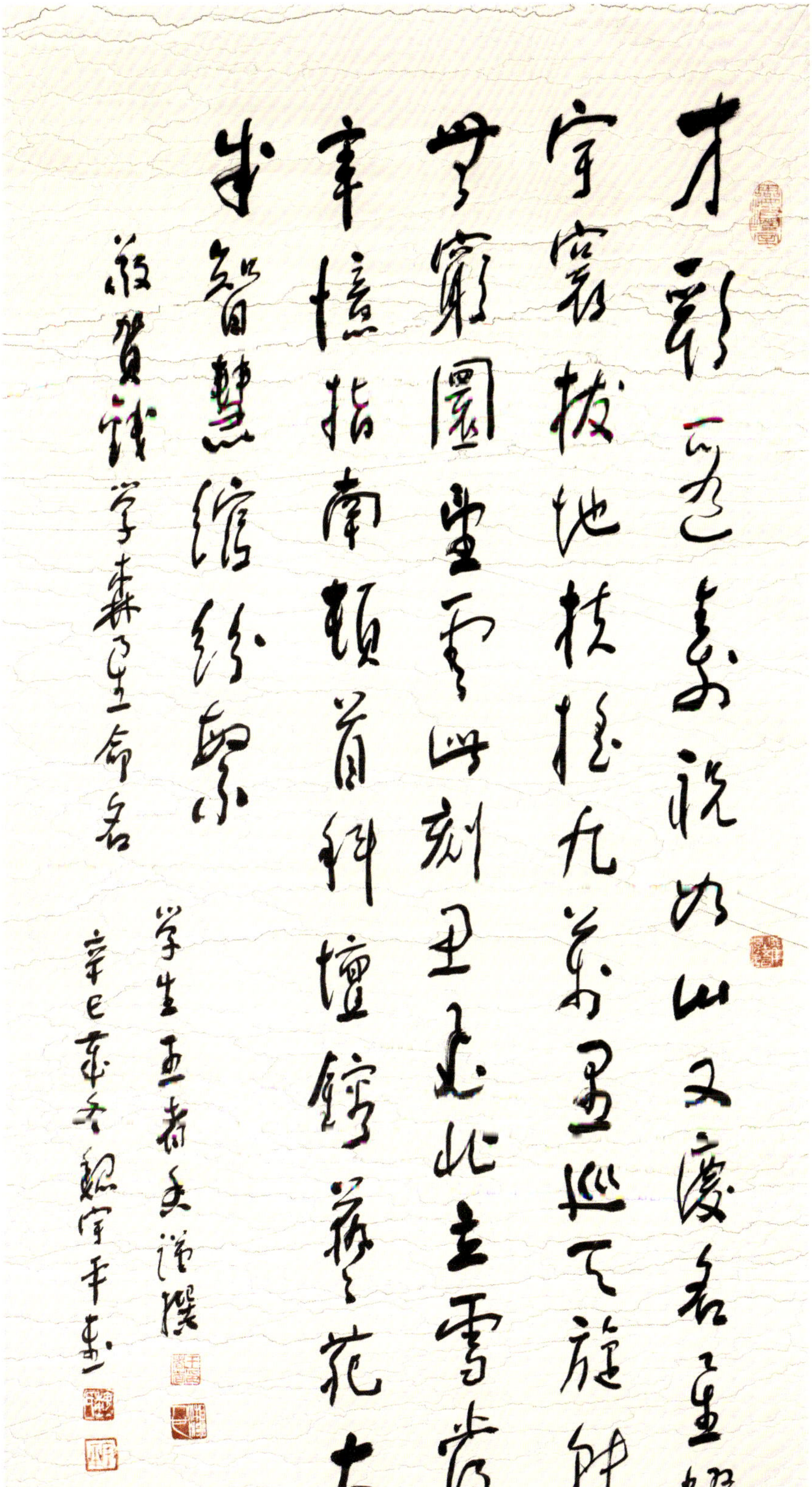

◁ 王者香撰词、魏宇平书法贺"钱学森星"命名

2001年
宣纸 一幅
纵192厘米 横83厘米

▷ 王永惠创作的国画"满园春色"

2002 年
宣纸 一幅
纵 78 厘米 横 200 厘米

此为 2002 年春节时，时任中国航天科工集团有限公司总经理夏国红等看望钱学森时赠送的字画。国画创作者王永惠（1937- ），天津蓟州人，中国当代著名画家。中国新闻社原影视部主任。

黄如贵，中国人民解放军总装备部美术书法研究院创作员、北京美术家协会会员、总装备部老干部大学副秘书长。师从鲁译元先生，齐白石再传弟子，以水墨写意骆驼见长。钱学森91寿辰之际，黄如贵创作此画赠送钱学森。

▷ 黄如贵创作的国画"酒香蟹正肥"

2002年
宣纸 一幅
纵134厘米 横53厘米

◁ **王坤和创作的国画"高原人家图"**

2005年
宣纸 一幅
纵182厘米 横66厘米

钱学森晚年倡导大力发展沙产业。甘肃河西走廊成为最早的沙产业理论实践基地,并且河西学院还成立"沙产业奖学金班",旨在培养沙产业的人才。此画由王坤和创作,由时任甘肃省河西学院党委书记周永革赠送钱学森。

▷ 詹仁左创作的国画"梅竹"

2007 年
宣纸 一幅
纵 92 厘米 横 175 厘米

2007 年是钱学森和蒋英结婚六十周年。他们的家人、亲友和同事特请著名海派画家、上海交通大学教授詹仁左创作了一幅国画"梅竹"。这幅画作具有象征意义，其中梅花代表蒋英，竹代表钱学森。梅竹共同象征着钱学森与蒋英的美好爱情，即"科学与艺术的完美结合"。

△ 神舟八号飞船航天搭载物苏绣"思源·致远"

2011年
丝绸 一幅
纵82厘米 横97.5厘米

苏绣"思源·致远"以钱学森八十年代照片为蓝本,由著名苏绣艺术家、中国非物质文化遗产代表性传承人姚建萍女士,历时十个月,精心绣制。这件绣品曾搭上"神舟八号"飞船,遨游太空16天,见证了中国首次空间交会对接。

后 记

作为《钱学森图书馆藏品大系》的第一册，《文物有话说》经过三年时间的编研，从遴选藏品到考证内涵，又从撰写初稿到改定成稿，在钱学森诞辰110周年之际出版。

在此书出版之际，要诚挚感谢钱学森之子钱永刚教授。正是由于家属通过捐赠化私为公，使我们有了编研基础。亦作说明，此书也收录了部分其他捐赠者的捐赠文物并已在文中注明捐赠者的姓名；而若非作说明的文物，即均来自钱学森家属捐赠。但无论来自何者，皆因他们的慷慨捐赠才构建起钱学森图书馆的藏品体系，从而支撑了学术研究、陈列展览和社会教育等事业的发展。

为做好编研工作，钱学森图书馆组织人员成立编撰委员会，各司其职，通力合作。张凯执行馆长和盛懿书记负责顶层设计和总体勾画，魏红副书记负责任务落实和过程管理，吕成冬负责藏品选定和内容统稿，徐娜和李红侠负责藏品信息整合与内容撰稿。此外，也要感谢两位研究专家张现民和欧七斤为初稿提出的建议，同时也要感谢文物出版社为此书付出的努力。

最后还要说明的是，我们编撰"藏品大系"并非因藏品数量之多，而是因为这些见证或凝聚钱学森精神内涵的文物，置于中国共产党百年发展历史的脉络上所具有的解读深度、广度和力度，能够不断焕发出榜样的精神力量。为此，我们将会以钱学森创新精神为启示，不断通过编研工作推出后续的大系。